KB207918

나도 힘들고
아프고
고통스러웠다

the story of
beautiful church

나도 힘들고
아프고
고통스러웠다

the story of beautiful church

최영미
외
24인

도서
출판 행복에너지

아름다운교회 소개

우리나라에는 교회 다니는 사람들이 세상의 다른 나라에 비하여 많은 편이다. 그렇지만 아직까지도 교회 다니지 않는 사람들이 더 많으니 상대적으로 교회 다니는 사람들이 귀한 편이다. 그런데 교회를 다녀도 교회 다니는 이유가 제각각 다르다.

몇 가지 예를 들어보자면,
1. 그냥
2. 인격수양, 마음의 평안을 얻으려고
3. 취미생활, 여가선용 차원에서
4. 종교를 하나는 가지고 있어야 하는데 기독교가 괜찮게 여겨져서

5. 인생을 살면서 겪는 어려움이 있을 때 신앙의 도움을 받으려고

6. 영생을 얻고 영원한 세계에 갈 수 있기 위하여

이런 여러 가지 이유들 때문에 교회를 다니고 있을 것이다.

물론 어떤 이유로 교회를 다니든 나쁠 것은 없다.

그런데 안타까운 것은 과거에 교회를 다니며 정말 열심히 활동을 하고 세례도 받고 선교까지 다녔는데 어느 순간부터 교회를 다니지 않는 사람들이 있다는 것이다. 심지어 교회를 그렇게 정성으로 다니던 사람이 현재는 기독교 안티 노릇을 하고 있는 것을 볼 때면 가슴 한편이 저릿저릿 아파오기도 한다.

과연 그들이 교회 다니는 동안 신앙의 맛을 보고 기독교가 어떤 종교인지를 경험했다면 그럴 수 있을까? 어떤 사람들은 순교를 하기도 하는데 그렇게 하지는 못할망정 왜 교회를 다니면서 특별한 경험을 하지 못하고 그럭저럭 다니다가 이런저런 이유로 교회 다니는 것을 그만두는 지경에까지 이를까?

그 원인이야 여러 가지가 있겠지만 분명한 것은 교회 다니는

동안 신앙생활의 본질을 모르고 충실하지 않았기 때문이라고
여겨진다.

　신앙생활의 본질은 뭐니 뭐니 해도 예배와 기도이다. 우리 신
앙생활의 모델이 되고 우리가 부럽게 여기는 초대교회 성도들
의 신앙생활이 그러했다. 그들은 전심으로 예배하며 기도했고
그로 인하여 기독교가 어떤 종교인지를 경험했다. 진정으로 예
수님을 만나고, 진정으로 성령 충만했기에 그들은 기독교를 세
상 만방에 알렸다.

　교회 다니면 반드시 신앙의 맛을 경험해야 한다. 기독교가 어
떤 종교인지를 경험해야 한다.
　신앙생활이 피상적이고 추상적인 신앙생활이 되어서는 안 된
다. 하나님이 살아 계심을 믿기는 하지만 하나님은 저 하늘나
라 멀리 계시고 나는 이 땅에서 홀로 힘들게 사는 것이 신앙생
활이라고 할 수 없다.
　내가 구원받아 하나님의 자녀양자가 되어 하나님 아버지의 보
호와 도움과 인도를 받는 삶을 구체적이고 실제적으로 경험해
야 한다.

한마디로 요약하면 자신만의 체험, 즉, 간증거리가 있어야
한다.

간증은 자칫 간증하는 사람의 자랑으로 여겨지기 때문에 선
뜻 간증하기가 쉽지 않다. 그러나 설령 자랑하는 것 같은 오해
가 있더라도 간증하는 수고가 있어야 간증거리를 경험하지 못
한 사람들에게 자극이 될 것이다.

간증거리 없이 신앙생활 하는 사람들은 간증을 들으며 자신
의 신앙생활이 전부가 아닌 것을 알게 된다. 간증을 들으며 누
군가는 자신도 그렇게 간증이 있는 신앙생활을 체험하고자 하
는 열망을 가지게 될 것이다. 그리고 하나님을 만나려 더욱 노
력하게 될 것이며, 언젠가는 그들도 신앙의 맛을 보는 신앙생
활을 하게 될 때가 올 것이다.

아름다운교회는 간증하는 성도들이 많다.

이들은 신앙생활의 본질인 예배와 기도에 전심전력을 다하
여 하나님께서 어떻게 도우시고 은혜를 베풀어 주시는지를 구
체적으로 경험한 성도들이다. 이 글은 그렇게 간증거리를 경험
한 성도들이 다른 사람들도 그렇게 신앙생활 할 수 있기를 바

라는 마음으로 쓴 글이다.

 부디 이 간증을 읽는 분들도 교회를 다니면서 간증거리가 있
는 신앙생활을 할 수 있기를 간절히 바란다.

2014년 2월

아름다운교회 담임 목사 인치승

Contents

최 영 미
연고대 입학과 졸업(연고대−연단과 고난 대학)

삶이
기적의 노래가 되는
기쁨

2006년 6월에 사법고시 준비 중인 남편과 결혼했습니다. 결혼 당시 결혼정보회사를 운영하고 있었던 저는, 좀 더 안정적인 고정 수입을 위해 결혼정보회사를 정리하고 다른 회사에 입사하게 됐습니다. 그러고 나니 현실적인 여건상 100일도 채 안 된 갓난아이를 시댁에 맡겨야 해서, 매일 출퇴근길은 눈물바람일 수밖에 없었습니다. 게다가 그 무렵에 고시 공부에 지친 남편의 잦은 음주와 PC방 출입이 반복되면서, 더 큰 좌절감을 느껴야 했습니다. 그것으로도 모자라 시어머니의 핍박과 먼저 결혼한 시동생 동서와의 트러블도 제 불행한 삶에 단단히 한몫했습니다. 저는 하루가 다르게 정신도 몸도 병들어 가고 있었습니다. 의논할 사람도 기댈 곳도 없었습니다.

그러다가 도저히 이런 상황 속에서는 어떠한 방법도 없다는 생각이 들었고, 몇 날 며칠을 고심한 끝에 결단을 내리게 됐습니다. 직장을 관두기로 하고 시골에 맡겼던 딸아이를 데려오기로 한 것입니다. 어리석게도 저는 이 모든 문제가, 남편이 고시에 합격만 하면 해결될 것이라고 생각하고 있었습니다. 그러나 저의 바람과는 달리 아무리 참고 기다려 봐야 남편의 합격소식은 들려오지 않았고, 그 대신 불안과 절망 속에서 하루하루를 힘겹게 버텨내던 저에게 우울증 증상이 나타나기 시작했습니다. 아기를 키우려면 무엇보다 청결이 우선이건만, 엄마가 온전치 못하니 벽마다 곰팡이가 피고 하수구가 역류해 온 집안이 더러운 냄새로 가득 찼습니다. 마치 땅에서 저를 끌어당겨서 제 몸이 방바닥에 붙어버린 듯했습니다. 아무리 노력해도 저 스스로를 제어할 수가 없었습니다. 하루 종일 울면서 토해대기 일쑤였고, 공황장애까지 겪어야 했습니다.

　결국 저는 더 이상 견뎌내지 못하고 세 차례나 자살을 시도하게 됐습니다. 절대로 해서는 안 되는 행동이었지만, 저로서도 어떻게 손 쓸 방법이 없었습니다. 이로 인해 저뿐만 아니라 저희 가족 모두가 병들어 갔습니다. 당시의 저는 15일 동안 잠을 단 몇 초도 자지 못해서 환청이 들릴 정도였습니다. 신경성 위염, 동맥경화, 지방간, 고지혈증, 반신마비, 원형탈모증, 호흡

곤란, 자궁선근증 등등 제 육신은 그야말로 걸어 다니는 종합 병원이나 다름없었습니다. 여기에 한술 더 떠 병원에서 우울증이라는 진단까지 받았습니다. 어느 정도 예상은 했지만 그래도 막상 우울증 진단을 받고 나니 자존심도 무척 상하고, 제 마음 하나 추스르지 못한다는 자괴감이 스스로를 더 괴롭게 했습니다. 저는 대학교 때까지만 해도 장학금 한 번 놓친 적이 없었고, 방학 때마다 언제나 아르바이트를 했으며, 결혼 준비도 오롯이 혼자서 다 해낸 슈퍼우먼이었습니다. 그렇게 지금까지 슈퍼우먼이란 딱지를 달고 살아온 저였기에, 우울증에 걸렸다는 사실 자체를 온전히 받아들일 수 없었습니다.

그 충격 때문인지 저는 그저 모든 것을 손에서 놓고만 싶었습니다. 그냥 어디로든 도망치고 싶었습니다. 아무리 노력해도 모든 것이 부질없는 일처럼만 느껴졌습니다. 자괴감에 피해의식에 외로움까지, 정말이지 이때의 절망감이란 이루 말할 수가 없었습니다. 안 좋은 일은 겹쳐 온다고 이와 때를 같이하여 집안에도 큰 위기가 닥쳤습니다. 집 경매건, 자궁 수술, 그것도 모자라 올해 3월에는 환갑도 채 안 되신 엄마의 천국 입성까지….

이제 와서 돌이켜 생각해 보니 작년 한 해는, 하나님께서 막판 스퍼트로 제게 하드 트레이닝을 시켜주신 해였던 것 같습니다. "신은 고통을 이겨낼 수 있는 자에게만 시련을 준다."는 말이 있습니다. 하나님께서는 아마도 저를 통하여 이 말을 증명하고 싶으셨나 봅니다.

1. 치유의 하나님을 만나다(여호와 라파 하나님과의 만남)

다행히 이후부터는 병원에서 처방받은 수면제와 약물 복용 후, 3~4시간 정도 잠도 자고 일상생활이 가능해졌습니다. 포기하지 않고 병원에 계속 다니면서 상담도 꾸준히 받았습니다. 상담을 통해 저 자신을 바로 보게 된 것은 참으로 큰 수확이었습니다. 어떤 일에서든 늘 최고가 되고 싶어 하고 평강공주가 되고 싶어 했던 자신에 대해 알게 된 것입니다. 그런 자신을 인정하고 나니 자연스럽게 남편 역시 바보가 아니기에 바보온달이 될 수 없고, 그러므로 우리 부부 관계에서는 바보온달과 평강공주 관계가 성립할 수 없다는 사실을 깨닫게 됐습니다. 마침내 몸도 마음도 치유의 하나님을 만나게 된 것입니다.

그때부터 저는 3년 동안 지푸라기라도 잡는 심정으로 새벽예배, 수요예배, 금요예배에 빠지지 않고 참석했습니다. 예배 때마다 하루라도 눈물을 흘리지 않은 적이 없었습니다. 어느 날

엔가는 진통제를 세 알씩이나 복용하고 금요예배에 나갔다가, 응급실에 실려 간 적도 있었습니다. 이렇게라도 예배에 참석하지 않으면, 그대로 자리에 주저앉아 다시는 일어설 수 없을 것 같았습니다. 현실 속에서 제가 할 수 있는 일이라곤 전혀 없어 보였고, 하나부터 열까지 모든 것이 불가능해 보이기만 했습니다. 당시의 저에게는 정말이지 한 가닥의 희망도 힘도 없었습니다. 그만큼 절박한 시간의 연속이었습니다. 응급실에 실려 갈지언정 아픈 몸을 이끌고라도 교회에 가 하나님께 기도를 올리는 것만이, 제가 숨을 쉴 수 있는 유일한 이유였습니다.

2. 절망을 희망으로, 슬픔 대신 기쁨으로 인도하심
(살아 계신 하나님을 경험케 하심)

절박한 제 기도 소리를 들으셨기 때문인지 아니면 이 불쌍한 죄인을 어여삐 보셨기 때문인지, 하나님께서는 마침내 이 모든 것들을 이루어 내시고 부족한 저를 채워 주셨습니다. 절망을 희망으로 슬픔을 기쁨으로 인도해 주신 것입니다.

결혼 전에 저는 아이 문제로 병원에 다닌 적이 있었습니다. 그때 다녔던 서울대병원, 삼성병원, 차병원에서 청천벽력 같은 소리를 들어야만 했습니다. 아이를 못 낳을 확률이 높다는 것이었습니다. 그런데도 하나님께서 신혼 초에 바로 귀한 아이를 내려주셨습니다. 게다가 그 딸아이를 제대로 양육하지 못했는데도 불구하고, 똑똑하고 자립심 강하고 밝은 아이로 키워주셨습니다. 더더욱 감사한 것은 하나님께 기도하는 아이로 자라게 해주셨다는 점입니다.

아이뿐 아니라 경제적인 부분에서도 하나님의 은총을 받았습니다. 영세민 전세자금으로 대출받아 놓은 돈까지 바닥나서 은행잔고가 0원일 때였습니다. 때마침 신랑의 축농증 수술로 인한 보험금으로, 그달 딱 필요한 만큼의 돈만 받게 해주셨습니다. 또한 상담이 지속적으로 필요한데 비용이 없을 땐, 무료로 상담을 받게 해주셨습니다.

건강 문제도 빼놓을 수 없습니다. 우울증 약을 복용한 탓에 20kg이나 쪘는데도 불구하고, 주님은 신경성 위염, 동맥경화, 지방간, 고지혈증, 반신마비, 원형탈모증, 호흡곤란, 자궁선근증 등등의 저의 모든 질병을 낫게 하셨습니다. 여기서 그치지 않으시고 일상생활이 힘들었던 제게 생활을 도와주는 귀한 헬퍼 님을 붙여주셔서, 저로 하여금 진정으로 하나님의 사랑을 경험하게 해주셨습니다.

또 가장 최근에는 엄마 장례비용이 전혀 없어 불안에 떨 때,

조문객이 제 손님과 신랑 손님이 전부여서 얼마 되지 않았는데도 불구하고, 700만 원이 넘는 비용을 모두 다 채워주셨습니다. 이렇게 엄마 천국 환송회를 해드리기 전에 기도했던 내용들을 하나도 빠지지 않고 다 들어주셨습니다. 요일, 날씨, 시간, 비용, 임종 지킴은 물론이고, 그중에서도 가장 머리 숙여 감사드릴 일은 엄마가 천국 입성하심에 대한 확신을 주신 것이었습니다.

3. 회복의 길에서 '희망'을 노래하다
(살아줘서 고마워! 버텨줘서 고마워!)

그리고 또 한 가지, 저와 시어머님과의 관계를 회복시켜 주셨다는 것입니다. 시댁은 예전부터 독실한 천주교 집안이었습니다. 이 때문에 어머님이 한때는 한 집안에 두 개의 종교는 안 된다며 온갖 핍박을 하셨지만, 지금은 오히려 남편도 저를 따라서 모든 예배에 함께하라고 격려해 주십니다. 처음과는 달리 어머님께서 제게 미안하다고 눈물로 용서를 구하셨고, 고맙고 사랑한다고 고백도 하셨습니다. 이제는 저를 배려하시는 마음에서 제사도 지내지 말라고 하십니다. 기독교식으로 추모하면 그것으로 됐다고 하십니다. 이렇게 언제부턴가 어머님께서 제

최영미
삶이 기적의 노래가 되는 기쁨

가 믿는 하나님과 저의 믿음을 존중하고 격려해주십니다. 참으로 놀라운 주님의 은혜입니다. 말 그대로 불가능을 가능케 하셨습니다.

그동안 남편 또한 술을 끊고 가정적으로 변했습니다. 이 덕분에 최근에는 CTS 방송 뉴스의 5월 가정의 달 특집인 '행복한 가정'으로 촬영까지 하는 은혜를 입었습니다. 제 스스로가 믿을 수 없을 만큼 이 모든 것이 저에겐 기적입니다. 마치 하나님께서 "살아줘서 고마워! 버텨줘서 고마워!"라고 토닥여 주시며, 제 등을 따뜻한 손길로 쓸어주시는 것 같았습니다. 하나님의 그 크신 은총 안에서 이제는 저도 '희망'을 노래할 수 있게 됐습니다.

4. 'scar'(상처)가 'star'(별)가 되는 기쁨

무엇보다도 제 인생의 가장 큰 turning point전환점는 아름다운교회를 다닌 것입니다. 이전에 청년부 제자 훈련도 받고 청년부 리더까지 섬겼었지만, 그렇다고 제 믿음이 제 삶을 바꾸진 못했습니다. 그러던 중 아름다운교회 목사님을 통해, 예배의 중요성과 '하나님과 나'와의 1:1 관계에 집중하게 됐습니다. 이러한 과정을 거쳐 전인격적인 하나님을 만나게 됨으로써, 하나님께서 제 삶의 관점과 태도를 송두리째 바꿔놓으셨습니다.

그 첫 번째로 가장 전도하기 힘들 것 같았던 가족들과 오래된 친구들이 먼저, 하나님이 살아 계심을 알게 되었다고 고백합니다. 제가 아무런 희망 없이 어둠 속에서 헤매고 있을 때 주님께서 쏟아 부어주신 그 은혜는, 제 삶의 기적의 노래가 돼주었습니다.

제가 고통 중에 신음하며 눈물로 기도할 때 혹자들은 그러더군요. 고난 뒤에 축복이라고! 믿음 없는 사람들도 말합니다. 비온 뒤에 땅이 굳는다고, 감당할 만한 일들만 겪는다고. 그렇지만 당시 삶의 소망마저 끊긴 저로서는, 그런 말들을 받아들일 기운조차 없었습니다. 그러나 지금은 당당히 말할 수 있습니다. 반드시 주님께서 고난 뒤에 축복을 주신다고 말입니다. 정말로 그렇습니다. 상처와 결핍은 주님께 납작 엎드림으로 나아가는 기도의 발판입니다. 기도는 impossible불가능을 I'm pos-sible가능이 되게 합니다. Here & Now!

마지막으로 여러분 모두 주님의 은혜를 풍성히 받으시며, 함께 예배드리고 찬양드리는 아름다운 성도가 됐으면 좋겠습니다. 지금 이 순간에도 고통 속에서 길을 잃고 헤매는 이들이 있

다면, 그들 모두 제가 그러했던 것처럼 주님을 통하여 'scar상처'
가 'star별'가 되는 기쁨을 꼭 찾게 되기를 기도합니다. 처음부
터 마지막까지 함께하실 좋으신 하나님께, 이 모든 영광과 찬
양을 올려드립니다.

나도 힘들고 아프고 고통스러웠다

황 세 웅

40년을 마시던 술을
안 먹는 게 아니라
못 먹게 되었어요

어떻게 보면 술을 끊었다는 것만으로 무슨 간증이 될까 싶지만, 저 스스로는 제가 죽을 때까지 술을 끊을 수 없을 것이라고 생각했습니다. 주변 사람들도 저를 보면 제일 먼저 '술'을 떠올릴 정도로, 정말로 술을 많이 마시던 사람이었습니다. 그 사람들 모두 속으로는 제가 술을 못 끊을 것이라고 생각하고 있었을 것입니다. 그러나 술을 끊고 변화된 제 모습을 보고, 아내도 저와 함께 다시 교회를 열심히 다니게 됐습니다. 이러한 일들을 가능하게 해주신 주님의 은혜에 온 마음으로 감사드리며, 겸손히 간증하고자 합니다.

황세웅
40년을 마시던 술을 안 먹는 게 아니라 못 먹게 되었어요

I. 신앙생활 전

1. 술과 함께하는 시간

제대 후 저는 큰 식당을 대리 운영했습니다. 큰 규모의 식당을 운영하다 보니 자연스럽게 사람들과의 교류도 많아졌습니다. 사람들과 만나는 자리는 대부분 술자리로 이어졌고, 마시는 술의 양은 나날이 늘어만 갔습니다. 새벽부터 밤늦게까지 일하면서 몸에 무리가 가는 것이 느껴졌지만, 어리석게도 술을 마시는 생활은 계속됐습니다. 그 와중에 만취한 상태로 차도를 횡단하다가 죽을 고비를 넘기기도 했습니다. 그렇다고 해서 무턱대고 술을 끊을 수도 없는 노릇이었습니다. 식당으로 찾아온 사람들과 손님들을 대접해야 했기 때문입니다. 나름대로는 고단한 생활을 정신력으로 버티고 있다고 생각했지만, 사실은 위태로운 생활의 연속이었습니다.

2. 가족에게 이끌려 나가게 된 첫 교회

식당을 직접 운영하게 된 후에도 여전히 저는 술을 마셨습니다. 어느 날 이를 두고 보던 처형이 더 이상 참지 못하고, 저를 반강제적으로 교회로 이끌었습니다. 그러나 교회에 다니면서도 저는 변하지 않았습니다. 제 모습에 무척 실망한 아내는 그 후부터 교회에 나오지 않았습니다. 하긴 예배시간 내내 설교에 귀 기울이기보다 오늘은 일찍 끝났으면 좋겠다는 생각이나 하고 있었으니, 그런 제가 교회에 다니는 것만으로 어찌 달라질 수 있었겠습니까.

　그런데 교회 다닌 지 얼마 지나지 않아 목사님이 제게, 세면도구 준비를 해서 아침 일찍 오라고 하셨습니다. 조금 의아했지만 그렇다고 목사님 말씀을 거절할 수도 없었습니다. 그렇게 목사님 말씀을 따라 이유도 모르고 찾아간 곳이 바로 천마산 기도원이었습니다. 저는 끼니를 거르는 것을 좀처럼 견디지 못하는 사람인데, 본의 아니게 그곳에서 사흘 동안 금식을 하게 됐습니다. 정말 창자가 끊어지는 것 같았습니다. 집에 돌아가서는 죽부터 천천히 먹으라고 했는데, 저는 그만 참지를 못하고 돌아오자마자 밥을 두 그릇이나 먹고 바로 잠이 들어버렸습니다.

　자정이 좀 지났을까, 누군가 저를 깨우는 듯했습니다. 잠결에 살펴보니 제 키의 5배나 되는 덩니가 크게 난 마귀였습니다. 보기에도 흉물스러운 마귀가 제게 "이놈의 자식아! 일어나! 이전에는 그렇게도 내 말을 잘 듣더니, 이제는 네가 왜 내 말을 듣

지 않으려고 하느냐? 네가 죽는지 내가 죽는지 오늘 한번 해보
자!"라고 소리를 쳤습니다. 분명 잠결인 것 같은데 그렇다고 꿈
도 아닌 것이, 정말 어떻게 설명해야 할지 모르겠습니다. 어쨌
든 저도 지지 않고 마귀에게 소리를 질렀습니다. 그러고는 서
로 치고받고 싸우는데 어떻게 된 건지 제 힘이 밀리는 것입니
다. 그래서 제가 베고 자던 딱딱한 목침을 집어던졌습니다. 불
시에 목침으로 일격을 당한 마귀 얼굴에서 피가 철철 흘러내렸
습니다. 그때 마침 옆에서 자고 있던 아내가 소리를 지르고 몸
부림치는 저를 보고 깜짝 놀라서는, 저를 흔들어 깨웠다고 합
니다. 정신을 차리고 보니 온몸이 땀에 푹 젖은 상태였습니다.

오래전 일이지만 지금까지도 생생하게 기억납니다. 그 일을
겪고 난 후부터는 성실하게 신앙생활에 임하고자 했습니다. 너
무 무서웠기 때문입니다. 그러나 저의 영혼은 금세 다시 잠들
었습니다. 어영부영 2년이란 시간이 지나면서 저는 다시 교회
에 나가지 않게 됐습니다.

3. 새롭게 시작하게 된 일과 은혜를 모르던 시절

가정생활에 여유가 생기면서 식당 운영도 그만뒀습니다. 하
는 일 없이 동네에서 동갑내기 친구들과 거의 매일 술을 마셨

습니다. 그런 제 모습을 지켜보던 아내가 더 이상은 못 참겠다
며, 제게 다시 일하기를 권유했습니다. 저도 양심은 있어서 못
이기는 척 지인의 소개를 받아 건축 일을 하게 됐습니다. 운 좋
게 건축에 대해 아는 것이 별로 없었는데도 현장 총무 일을 맡
을 수 있었습니다. 그런데 제가 생각한 것보다 건축 현장에서
의 총무직은 꽤 막중한 역할이었습니다. 그 당시 저는 교회를
다니지 않는 상태였고, 오히려 기독교보다는 불교 쪽에 관심을
갖고 있던 터였습니다.

큰 건물을 공사 중일 때였습니다. 이상하게도 일요일만 되면
목수 총 반장이 작업장에 나오지 않는 것입니다. 그는 참 인자
하게 생기고 좋은 사람이었지만, 총 반장인 사람이 나오지 않
으니 그만큼 일에도 차질이 생겼습니다. 다음날 제가 따지듯이
일요일마다 현장에 나오지 않는 이유를 물었습니다. 그는 아무
렇지도 않게 자신이 봉천동에 있는 큰 교회의 장로인데, 일요
일에는 맡은 일이 있어 못 나온다고 대답했습니다. 너무나 당
당한 대답에 제가 버럭 "대체 교회에서 당신 없다고 안 되는 게
뭐 있어? 앞으로는 일요일에 교회 가지 말고 공사현장으로 나
와!"라고 소리쳤습니다. 그런데 알겠다고 대답할 줄 알았던 총
반장이 단호하게 거절을 하는 것이 아닙니까. 화가 머리끝까지

난 저는 그 사람을 해고해 버렸습니다. 일에 지장을 준다는 명분하에 말입니다. 며칠 뒤 월급을 계산해 주려고 총 반장과 다시 만났습니다. 만나자마자 그는 대뜸 그동안 저를 위해 기도를 많이 했다는 말을 꺼냈습니다. 그런 그에게 저는 "내 기도는 됐고 당신 기도나 많이 해!" 하며 면박을 주었습니다.

참으로 기고만장하던 시절이었습니다. 그런데 총 반장이 공사장 일을 그만둔 뒤부터 이상하게도 공사장에 안 좋은 일들이 일어나기 시작했습니다. 인부가 추락하는 등 사고가 여러 차례 발생해서 보상비만 해도 꽤 많이 들었습니다. 지금 돌이켜보면 총 반장을 내쫓고, 은혜를 모르고 살던 저 때문에 발생한 일들이 아닌가 싶습니다. 정말로 어리석게도 주님의 은혜를 모르고 살던 시절이었습니다.

4. 술 마시는 생활의 지속과 그로 인한 사고들

현장 생활을 시작하면서 술을 더 많이 마시게 됐습니다. 이미 경찰차에 실려 온 적도 수차례였습니다. 90kg이 넘는 저를 죄도 없는 아내가 몇 번이고 업고 가야 했습니다.

그러던 어느 날 현장 총무였던 저는 안전수칙도 지키지 않고 말도 잘 듣지 않는 젊은 친구 5명의 군기를 잡아야겠다고 생각했습니다. 고기와 소주 40병을 옆에 쌓아두고 젊은 친구들에게 "나하고 술 한잔 하자!" 하고 청했습니다. 6명이 한자리에 앉아 그걸 다 먹고, 그것으로도 모자라 맥주까지 마셨습니다. 더 이상은 안 되겠다 싶어 이런저런 주의를 주고 난 후 자리를 마무리했습니다. 그런 다음 그 친구들에게 차비를 쥐어 주고 저는 집으로 왔습니다. 얼마나 됐을까, 갑자기 소방서에서 급하게 전화가 왔습니다. 서울대 지하철 입구에서 사람이 굴러 머리를 심하게 다쳤는데, 그 사람 주머니에서 제 연락처가 나왔다는 것입니다. 지금 당장 수술을 해야 하는 데 보호자가 필요하니 빨리 오라는 연락이었습니다. 젊은 친구들 중 한 명이었습니다. 순간 가슴이 철렁하고 내려앉았습니다. 다행히 제가 가기 전에 다른 가족과 연락이 돼 수술은 할 수 있었다고 합니다. 그 이후로 다친 친구는 현장에 나오지 않았습니다. 술을 마시자고 한 것이 저였던 만큼, 지금도 그 친구에게는 미안한 마음이 참 큽니다. 이 모든 것이 술을 끊기는커녕, 날이 갈수록 현장 생활을 핑계로 술을 자제하지 못한 제 잘못이었습니다.

황세웅
40년을 마시던 술을 안 먹는 게 아니라 못 먹게 되었어요

II. 신앙생활 후

1. 어머니와 천국에서 만나기를 소망하며 다시 교회에 나가다

현장 생활 당시 제 어머니 연세가 88세였습니다. 그 연세에도 어머니는 부지런한 습성을 버리지 못하셨습니다. 빨래를 하시다가 힘에 부쳐 주저앉으셨는데, 그만 잘못되어 뼈가 다 으스러져 버렸습니다. 부랴부랴 병원으로 모셔가서 수술을 받았지만, 어머니는 결국 몇 개월 뒤에 돌아가셨습니다.

그후 장례 예배 때 목사님께서 "지금 어머니는 돌아가셨지만 천국에서 다시 만날 수 있다."라고 하신 말씀이, 제 가슴에 쿵하고 와 닿았습니다. 그때부터 저는 교회를 다시 다녀야겠다는 생각이 들었습니다. 어머니가 바라는 아들이 되어 꼭 천국에서 어머니를 다시 만나고 싶었습니다. 그래서 이 지역의 여러 교회를 돌아다니며 제가 출석할 교회를 찾기 시작했습니다.

2. '아름다운교회'를 알게 되다

그러던 중 우연한 기회에 배드민턴 동호회에서 아름다운교회에 대해서 듣게 됐습니다. 꼭 한 번 가보라는 권유에 어느 날 직접 가보게 되었고, 지인한테 듣던 대로 찬양 시간이 정말로 굉장했습니다. 찬양이 끝나고 담임 목사라는 분이 나오셨는데 덩치가 작고 허리가 너무 얇아, 저는 속으로 "저래서 어떻게 사역을 하나…."라고 생각했습니다. 그런데 제 우려와는 달리 담임 목사님의 첫 말씀부터 우렁차고 힘 있게, 제 귀에 쏙쏙 들어왔습니다. 그래서 저도 모르게 '아, 이 교회로 정해야겠다!'는 생각이 들었습니다.

당장에 결심을 하고 집으로 가 아내에게도 아름다운교회를 나가자고 했습니다. 뜬금없는 소리에 어이가 없었는지, 아내는 저를 쳐다보지도 않고 "당신이나 다녀!" 하는 것입니다. 그동안 잘못한 것이 많았던 저로서는 아무런 대답도 할 수 없었습니다. 그렇지만 아내의 핀잔에 굴하지 않고, 아이들에게도 아름다운교회로 옮기도록 권했습니다. 아내도 몇 번을 계속해서 설득하자 함께 다니게 되었고, 그 후부터 온 가족이 아름다운교회에 다니기 시작했습니다.

3. 나도 모르게 덤으로 살고 있던 인생

그렇게 아름다운교회에서의 신앙생활이 시작됐습니다. 하지만 그때까지도 저는 술을 마시는 생활을 버리지 못하고 있었습니다. 소화기 내과 의사인 아들이 '우리 아버지가 저러다 돌아가시겠구나.'라고 생각할 정도였습니다. 궁여지책으로 아들은 제게, 간이 너무 커져서 초음파에 잡히지 않는다는 등의 거짓말까지 하면서 술을 끊으라고 했습니다. 그러더니 어느 날엔가는 심각한 표정으로 검진을 한 후 "아버지, 이제는 신체 장기가 거의 다 못쓰게 됐으니, 어서 빨리 입원 준비를 해서 내려오세요."라고 하는 겁니다. 어느 정도 안 좋을 것이라고는 예상했지만, 아들을 통해 직접 확인하고 나니 머리를 세게 한 대 얻어맞은 것 같았습니다.

집으로 돌아와 어쩌다 내 몸이 이렇게까지 됐을까 싶어 자책도 하고 뼈저리게 후회도 했지만, 이미 돌이키기에는 너무 늦은 것 같았습니다. 후회는 아무리 빨리해도 늦는다는 말이 딱 제게 해당되는 말이었습니다. 그런데 그날 저녁 집으로 온 아들이, 아버지 술 끊으시게 하려고 일부러 그렇게 말했다고 하는 것이 아닙니까. 그제야 안도의 한숨을 내쉬는데 그것도 잠시뿐, 이어진 아들의 말이 비수처럼 제 가슴을 찔렀습니다. "아버지가 이제까지 술 먹은 양으로는 진작 돌아가셔도 돌아가셨을 것인데, 뭔가 착오가 생겨서 지금까지 살고 계신 겁니다." 아들의 말이 정말 맞았습니다. 저는 지금까지 덤으로 살고 있는 인생이나 마찬가지였습니다.

나도 힘들고 아프고 고통스러웠다

4. 특별 새벽예배 기간 중 주체할 수 없이 쏟아진 눈물

아름다운교회에 다닌 지 4년쯤 된 때였습니다. 어느 정도 신앙심도 길러진 상태였고 특별 새벽예배도 완주했습니다. 이후 2번째 특별 새벽예배 기간의 중반을 지날 즈음이었습니다. 기도를 하는데 갑자기 눈물과 콧물이 그렇게나 많이 쏟아지는 것입니다. 끈적끈적한 것이 계속 눈과 코에서 흘러내렸습니다. 저 스스로도 너무 깜짝 놀라 "아버지 저의 지은 죄를 용서하여 주십시오. 제가 지은 죄들을 십자가의 보혈로 깨끗하게 씻어주시고, 저로 인해 고통받은 사람과 그 가족들을 지켜주십시오." 하며 계속 매달려 기도했습니다.

그 일이 있고 얼마 뒤 현장 사람들과 만나 회식할 일이 생겼습니다. 역시나 이번에도 소주를 잔뜩 시켜놓고 3번째 잔을 마실 때였습니다. 갑자기 역겹고 체한 느낌이 나면서 더 이상은 마실 수가 없었습니다. 그냥 체한 줄로만 알고 집으로 돌아왔는데, 그때부터 딸꾹질이 3일 동안 계속되었고 온몸에 두드러기가 일어나기 시작했습니다. 약을 먹어도 아무 소용이 없었습니다. 결국 그날 이후부터는 술에 대한 거부감이 커지면서 냄새도 못 맡을 정도가 됐습니다. 곰곰이 생각해 보면 이 모든 것

황세웅
40년을 마시던 술을 안 먹는 게 아니라 못 먹게 되었어요

이, 제가 눈물 콧물을 쏟으며 절절히 기도한 것에 대한 하나님의 응답처럼 느껴졌습니다.

5. 변화된 모습으로 주변 사람들에게 축복의 통로가 되다

그때까지의 저는 밥은 굶어도 술은 먹는 사람이었습니다. 40년 동안 매일 평균 6병씩 먹던 제가 술을 못 먹게 되자, 가장 먼저 주변 사람들이 놀라기 시작했습니다. 주변 사람들이 의아해하며 제게 어떻게 술을 끊었느냐고 물을 때마다 저는 "교회 나가봐!"라는 말만 되풀이했습니다. 저로서는 술을 안 먹는 게 아니라 못 먹게 된 것입니다. 워낙 술을 많이 마시던 제가 하루아침에 술 끊은 것을 보고 감동을 받아, 교회에 나가게 된 사람만 해도 여럿입니다.

이후 세 번째 특별 새벽예배 기간을 맞이했을 때는 '하나님은 암도 고치실 수 있다!'라는 믿음이 생겼고, 무척이나 놀라운 기적이라 하루 한 끼씩 금식하며 기도했습니다. 믿음이 한결 견고해지면서 저의 변화된 모습만으로도 주변 사람들에게 축복의 통로가 될 수 있음에, 저는 그저 더할 수 없이 감사할 뿐입니다. 이 모든 것이 제게 새로운 삶의 기회를 내려주신 하나님의 은총 덕분임을 저는 오늘도 잊지 않고 있습니다.

※ 술, 담배를 끊고 싶으신 분들께

제 경우를 예로 들어보면 술을 안 먹으니 90kg이었던 몸무게가 70kg으로 빠졌습니다. 덕분에 늘 피곤하던 몸에도 활력이 생겼습니다. 내시경검사를 해보니 몸에 있던 용종도 모두 사라졌습니다. 만약 아름다운교회에서 은혜를 받지 못했다면, 저는 지금까지도 술을 끊지 못했을 것입니다.

많은 분들이 알다시피 담배와 술은 의지만으로는 끊기가 힘듭니다. 분명 자신의 의지만으로는 한계가 있습니다. 저 역시 주님의 은혜와 성령의 도움이 없었다면 불가능한 일이었을 것입니다. 진정으로 술과 담배를 끊길 원하는 분들이 계신다면, 제가 그랬던 것처럼 새벽예배 드리시며 은혜받기를 권해 드립니다.

황세웅
40년을 마시던 술을 안 먹는 게 아니라 못 먹게 되었어요

김 춘 자

살아 계신 하나님이
나를 살리셨습니다

저는 충남 보령 촌부의 아내로 슬하에 2남 2녀를 두었고, 조카 2명을 제 아이들과 함께 키웠습니다. 아이들을 키우는 동안 제가 할 수 있는 최선을 다하여, 광산 일도 하고 가축도 돌보면서 정말 열심히 살았습니다. 그러다가 1979년부터 딸 둘, 막내아들과 함께 대천에 있는 교회에 다니기 시작했습니다. 한번 시작하면 무엇이든 열심히 하는 성격 때문에 교회에도 열심히 다녔습니다. 그렇게 대천 교회에서 전도사님과 함께 봉사하고 전도하며 은혜로운 생활을 했었습니다.

그러던 중 1993년 1월 13일에 예기치 않던 사고를 당했습니다. 새벽예배에 참석하려고 급히 길을 가다가, 발을 잘못 딛는 바람에 그만 계단에서 넘어지고 만 것입니다. 운이 나쁘게도 엉덩이뼈를 심하게 다쳐서 그 길로 병원에 입원해야만 했습니다. 제 마음대로 움직일 수도 없는데다가 시도 때도 없이 찾아오는 극심한 통증 때문에, 병원에서의 하루하루가 말 그대로 지옥 같았습니다. 시간이 가면 좀 나아질 줄 알았는데 별 차도도 없는 것 같고, 병원 생활에도 익숙해지지 않아 불안하기만 했습니다.

이래저래 힘이 들었던 저는 당시 섬기던 교회의 목사님께 심방을 와달라는 부탁을 드렸습니다. 제가 신뢰하고 믿을 수 있는 유일한 분이었습니다. 그러나 어찌 된 영문인지 목사님은 끝내 심방을 오시지 않았습니다. 그동안 나름대로는 정말로 열심히 교회 생활을 했다고 생각해 왔는데, 목사님이 오시지 않자 섭섭함을 넘어 인간적인 배신감마저 들었습니다. 날이 갈수록 기분이 너무 상해 '아, 이제부턴 교회 나가지 말아야겠다.'는 생각까지 들었습니다.

그때 마침 병문안을 온 여동생이 제가 힘들어하는 모습을 보고는 "언니, 더 이상 이렇게 힘들게 살지 말고 나랑 같이 절에나 다녀요."라고 권유를 했습니다. 무엇에든 기대고 싶었던 저는 이후부터 교회를 등지고 동생과 함께 절에 다니기 시작했습니다. 돌이켜 생각해 보면 옹졸한 마음에 스스로를 사지로 몰아낸 것이나 마찬가지였습니다.

1. 고난의 연속

하나님과 교회를 떠난 이후에는 동생과 함께 절에 다니면서, 부처님을 하나님으로 여기고 섬겼습니다. 그런데 하필이면 그때 안 좋은 일들이 연이어 터졌습니다. 이번에도 계단을 내려가다가 넘어지면서 허리를 다친 것입니다. 전에 다쳤던 엉덩이뼈가 아니라서 그나마 다행이었지만, 생각보다 크게 다치는 바람에 안산의 한 병원에서 허리에 핀을 8개나 박는 대수술을 해야 했습니다.

고난은 그것으로 멈추지 않았습니다. 수술을 받고 난 지 얼마 안 돼 아버지 제사를 지내러 고향 집으로 가던 중 추돌사고가 크게 난 것입니다. 게다가 이미 다친 허리 부위를 또다시 다쳐 재수술까지 받아야 했습니다. 그것으로도 모자라 교통사고를 당해 재수술을 하게 된 것만 해도 억울한데, 제가 보험금을 타내려고 일부러 교통사고를 일으켰다는 누명까지 뒤집어쓰게 됐습니다. 가해자와 보험회사 측에서 소송을 걸어왔고, 이후부터 오랜 시간을 재판에 시달려야만 했습니다. 부끄럽게도 일자무식이었던 저는 당시 집으로 날아온 내용증명이 뭔지, 출석요구가 뭔지도 모르던 처지였습니다. 아무리 둘러봐도 주위에 제 편이라고는 한 명도 없는 것 같았습니다. 결국 재판에서 패소

하고 황당하게도 1년여의 교도소 생활까지 해야 했습니다.

　이런 상황이었으니 당연히 우울증이 생길 수밖에 없었습니다. 세상이 원망스럽기만 하고 그 어떤 사람도 믿을 수가 없었습니다. 몸이 아픈 것을 떠나 마음이 더 아팠습니다. 더욱이 뜻하지 않은 고난의 연속으로 이렇듯 암담한 상황에 놓이게 됐는데도, 교회를 떠나온 지 너무 오래되어 하나님마저 소리 높여 찾을 수 없었습니다. 세상천지에 믿을 만한 사람 한 명 없고 기댈 만한 곳 하나 없이, 저 혼자 덩그러니 어둠 속으로 내던져진 것 같았습니다.

2. 새로운 길을 열어주시는 주님

　재판에 진 후부터 저는 심각한 우울증으로 인해 부천에 있는 병원에서 1년간 정신과 치료를 받았습니다. 무척 힘든 시간이었지만 그래도 하루하루 포기하지 않고, 오기로라도 버티자고 스스로에게 약속했습니다. 그러던 중 사람이 죽으란 법은 없다고, 제게도 한 가지 실낱같은 희망이 생겼습니다. 병원을 오가며 치료를 받다가 환자들을 돌보는 간병인들을 보게 되었는데, 왠지 모르게 그분들의 모습에 자꾸 시선이 갔습니다. 그 순간 어쩌면 제가 앞으로 할 수 있는 일은, 저분들처럼 간병하는 일밖에 없겠다는 생각이 들었습니다. 그 후 곧바로 실행으로 옮겨 간병인 자격증을 따게 됐습니다. 그러고는 홍익병원에서 간병 일을 시작했습니다. 때마침 평소에 저를 좋게 봐주셨던 병원 직원 한 분이, 병원에서 일하는 것보다 가정집의 암환자를 간병하는 것이 더 낫지 않겠느냐며 제 의사를 물어왔습니다. 며칠을 곰곰이 생각한 끝에 병원이 아닌 개인 집에서 누군가를 간병하는 것도 새로운 경험이 될 것 같아, 제가 오케이를 했습니다.

그것이 계기가 되어 저는 아름다운교회에 다니시는 신림동의 권사님 댁으로 가게 됐습니다. 밤낮으로 권사님 남편분을 열심히 간병했지만, 사실 그동안의 잦은 사고로 제 몸이 약해진 탓에 육체적으로는 너무 힘이 들었습니다. 하지만 환자분을 놔두고 그만둘 수도 없어서, 낮에는 온 힘을 다해 환자분을 돌보고 밤에는 몸이 아파 울면서 잠드는 생활이 이어졌습니다. 그러나 바로 이때 비록 매일매일 육체적인 고통 속에서 살고 있었어도, 정신적으로는 어렴풋하게나마 제게 새로운 길을 열어 주시는 주님의 존재를 느끼고 있었던 게 아닌가 싶습니다.

김춘자
살아 계신 하나님이 나를 살리셨습니다

3. 나를 다시 세워주신 하나님

2011년 2월 3일, 제 생일에도 변함없이 간병 일을 하고 있었습니다. 그날 우연찮게 아름다운교회의 목사님과 전도사님께서 권사님 댁에 심방을 오셨습니다. 아무 말 없이 묵묵히 옆에서 제 할 일만 하고 있던 제게, 두 분이 감사하게도 아름다운교회에 나오라는 권유를 해주셨습니다. 처음에는 많이 망설였지만 따뜻한 두 분의 말씀에 힘입어, 저는 마지막으로 한 번만 더 용기를 내보기로 했습니다. 늘 가슴 한쪽이 뻥 뚫린 느낌이었고, 그것을 채우기 위해서라도 그분들의 말씀에 따라 아름다운교회에 나가보기로 한 것입니다.

외롭고 지칠 대로 지쳐 참석한 예배였지만, 저는 스스로도 믿을 수 없을 만큼 시간마다 은혜를 받는 경험을 했습니다. 정말로 하염없이 눈물이 흘러내렸습니다. 담임 목사님의 설교 말씀이 구구절절 모두 제게 하시는 말씀으로 들렸습니다. 지난날 하나님을 떠나 다른 우상을 섬기면서 세상 길로 나아가, 죄악 속에서 살아온 날들이 너무나 뼈저리게 후회됐습니다. 저는 아름다운교회에 나가게 된 이후로 날마다 울면서 "하나님, 저를 살려주세요!"라고 통곡의 기도를 했습니다.

그러자 기적처럼 제 안에서 둥지를 틀고 있던 우울한 마음들이 사라져 갔습니다. 재판에 진 후 사람들과 세상을 원망하던 마음도 사라졌습니다. 대신에 그 빈자리에 희망의 긍정의 싹이 돋아나기 시작했습니다. 저는 무료 한글교실에 참석해 늦게나마 한글을 깨우쳤습니다. 그리고 어느 날 권사님 댁에서 고시 공부를 하는 청년이 새벽예배에 나간다는 말을 듣고, 저도 한번 나가봐야겠다고 마음먹었습니다. 그때부터 하루도 거르지 않고 새벽예배에 참석했습니다. 그런 저의 정성이 통했는지 다행히도 새벽예배에 나가면서부터 기도와 말씀을 실천하는 생활로 변화됐습니다.

그 후로는 또 한 번의 기적과 같이 막힌 문제들이 하나둘 해결되기 시작했습니다. 그 첫 번째로 시골집 소송 문제건물만 등기하고 대지가 등기돼 있지 않아서, 나중에 우리 대지를 산 사람들과 소송 중에 있었음가 해결됐습니다. 다음으로는 시골집이 제값에 팔리면서 보령 시내에 좋은 아파트를 장만할 수 있었습니다. 또한 나를 다시 세워주시는 하나님을 바로 곁에서 느끼게 되니, 교회에 나와서 담임 목사님 얼굴만 바라봐도 절로 기분이 좋아지고, 주일 예배 시간이 빨리 오기만 기다리는 기쁨의 생활을 하게 됐습니다.

하나님! 저를 살려주신 주님을 제 온 마음과 온몸으로 사랑

김춘자
살아 계신 하나님이 나를 살리셨습니다

합니다. 무엇보다도 아름다운교회에서 제 지난날의 죄악을 주님 앞에서 회개할 수 있게 하시고, 제게 또 한 번의 삶의 기회를 허락하여 주신 하나님의 그 큰 은혜와 깊은 가르침에 머리를 조아리고 무릎을 꿇습니다.

나는 너희를 치료하는 여호와임이니라.

〈출애굽기 15:26〉

믿습니다. 정녕 믿습니다. 하나님은 과거에 위대하신 하나님이 아니고 현재에, 지금에 위대하신 하나님이십니다. 바로 지금 위대하신 하나님께서 우리 심신의 질병을 고쳐주시는 것입니다. 저는 또 고백합니다. 하나님은 어제나 오늘이나 영원토록 동일하시다! 이 고백으로 우리의 모든 염려나 질병이나 마음의 아픔을 이겨내는 하나님의 사랑을, 여러분도 저와 함께 깊이 체험하시기를 기도합니다.

이제부터 저는 아름다운교회 근처에서 살면서 남은 생애 동안 예배드리고 기도하며 봉사하면서 살고자 다짐합니다. 제 모든 것을 맡아주시는 하나님께 찬양과 경배와 사랑을 드립니다.

나 같은 죄인 살리신 주 은혜 놀라워.

잃었던 생명 찾았고 광명을 얻었네.

큰 죄악에서 건지신 주 은혜 고마워.

나처럼 믿은 그 시간 귀하고 귀하다.

이제껏 내가 산 것도 주님의 은혜라.

또 나를 장차 본향에 인도해 주시리.

거기서 우리 영원히 주님의 은혜로 해처럼 밝게 살면서

주 찬양하리라, 아멘!

〈찬송가 405장〉

김춘자
살아 계신 하나님이 나를 살리셨습니다

이 효 숙

매일 죽음만 생각하던 삶을
매일 감사하는 삶으로
바꾸신 하나님

1. 기독교에 대한 나의 생각

저는 조상 숭배를 중시하는 유교 집안에서 태어나, 1년에 제사만 10번을 넘게 지내는 환경 속에서 자랐습니다. 당연히 어릴 때부터 유교 문화에 길들여질 수밖에 없었습니다. 그런 영향 때문인지 대학 시절에는 불교에 심취하여 원불교에 다닌 적도 있었습니다. 당시만 해도 치기에 가득 차 있던 시절이라, 저 외의 다른 이들의 의견이나 사상에는 별 관심이 없었습니다. 그 때문에 기독교는 유치하다는 편파적인 생각을 하고 있었고, 오히려 '모든 철학은 불교 안에 있다.'는 생각에 갇혀 지냈습니다. 한마디로 우물 안 개구리였던 셈입니다.

이효숙

매일 죽음만 생각하던 삶을 매일 감사하는 삶으로 바꾸신 하나님

2. 교회와의 만남

저는 결혼과 동시에 시어머님의 질병, 시동생의 금융사고, 경제적인 어려움 등이 겹치면서 신혼 시절을 힘들게 보내야만 했습니다. 그런데 고맙게도 그때마다 막내 시이모님이 찾아오셔서 제게 예수님을 전해 주셨습니다. 막내 시이모님은 겉으로는 깐깐해 보이셨지만 여러 시이모님 중에서 저를 가장 친절하고 따뜻하게 대해 주셨습니다. 제가 생각하기에는 그것이 바로 신앙의 힘이 아니었나 싶은데, 시이모님의 그러한 보이지 않는 노력 덕분에 기독교에 대한 제 잘못된 편견도 조금씩 바로잡을 수 있었습니다. 이제 와 돌이켜보면 유교 집안에서 태어나 하나님을 만날 수 있는 집안으로 시집온 것부터가 하나님의 축복이었습니다. 그렇지만 그때까지만 해도 기독교에 대한 마음의 문이 열렸을 뿐, 정작 교회에 다닐 생각은 하지 않고 있었습니다.

그러던 중 우연한 기회에 앞집 아주머니의 인도로, 집에서 가까운 교회에 다니게 됐습니다. 저는 다행인지 불행인지 모든 일에 적극적인 성격인지라, 신앙생활 역시 처음부터 새벽기도로 시작했습니다. 그것만으로도 성에 안 차 주일 낮예배, 저녁예배, 화요 성경공부, 수요예배, 금요 철야예배, 구역예배, 각종 심방 등등 모든 공식적인 예배와 모임에 빠짐없이 참석했습니다. 한번 마음의 문이 열리자 제가 생각해도 이상하리만치 기독교에 대한 위화감은 온데간데없이 사라져 버리고, 제 생활의 모든 것이 교회 위주가 됐습니다. 이어서 교육부장, 전도부장, 선교부장, 여전도회회장과 같은 교회의 여러 직책도 두루두루 거치면서 정말 열심히 신앙생활을 했습니다.

3. 세상이 주는 즐거움에 빠지다

신혼 시절의 힘들었던 일들도 하나씩 풀려나갔고, 그 후 제가 부동산 중개사 사무소를 운영하면서부터는 경제적으로도 여유 있는 생활을 하게 됐습니다. 그러나 얻는 것이 있으면 꼭 잃는 것이 있다고, 경제적으로 여유가 있어지니 세상과는 가까워지고 하나님과는 점차 멀어지는 생활이 시작됐습니다. 돈만 있으면 세상의 모든 것이 다 통하는 것 같았고, 돈을 많이 벌면 벌수록 제 주변으로 더 많은 사람들이 모여들었습니다. 당시 입버릇처럼 제가 하던 말이 "천하의 이효숙이가….".였으니 무슨 설명이 더 필요하겠습니까.

저도 모르게 제 인격과 자존심만을 내세웠고 그렇게 제 교만은 하늘을 찔렀습니다. 어느새 하나님은 제 등 뒤에 가리어져 있었습니다. 그런 상황 속에서도 하나님은 끊임없이 저를 부르셨지만, 저는 세상 재미에 취해 하나님을 외면했습니다. 정말로 어리석게도 하나님의 간곡한 부르심을 듣지 못하고, 물질의 풍요로움 속에서 다시금 세상의 유혹에 빠져 방탕한 생활을 일삼았던 것입니다.

4. 큰 어려움이 몰려오다

우려하던 사고가 터지고 말았습니다. 매도인의 사기로 인해 4년 전쯤 중개했던 물건에 문제가 생긴 것입니다. 믿고 있던 학교 선배의 꼬임에 넘어가 벌어진 일이었습니다. 이 일 때문에 저는 장장 2년에 걸쳐 경찰과 검찰을 드나들어야 했습니다. 저 스스로 하나님을 떠난 삶 속에서 맞닥뜨려야 했던 거대한 풍랑! 도무지 제 힘만으로는 그 거대한 풍랑을 헤치고 나오는 것이 역부족이었습니다. 저는 너무 큰 충격과 낙심으로 쓰러지고 넘어졌습니다. 결국 하던 일을 중단할 수밖에 없었습니다.

그리고 마치 그때를 기다리고 있었다는 듯이 주변 사람들도 하나둘씩 떠나기 시작했습니다. 불과 얼마 전까지만 해도 제 주변에서 무리를 지어 맴돌던 사람들이었습니다. 곤경에 빠진 저를 위로는 못 해줄망정 혹시라도 자신에게 무슨 피해가 갈까 봐 앞다투어 떠나는 그들이 너무 괘씸하고 서럽고 슬펐지만, 오히려 지금은 감사하고 있습니다. 이 기회를 통해 하나님께서 사람까지도 대신 정리해 주셨기 때문입니다.

저는 법을 공부했고 중개사를 10여 년 동안 해왔으면서도, 쉽게 사람을 믿는 성격 탓에 어리석음을 범했습니다. 지금이야 찬찬히 지난 시간을 되돌아보면서 시련도 하나님께서 내려주신 또 하나의 축복이었음에 감사하게 생각하고 있지만, 그 당시에는 배신감과 죄책감으로 가득 차 매일 죽는 생각만 했습니다. 정말로 어떤 방법으로 죽을지 그 생각만 했습니다.

그렇지만 그때마다 눈에 넣어도 아프지 않을 내 사랑하는 두 아이의 얼굴이 떠올랐습니다. 아이들을 생각하며 이를 악물었고, 이대로 주저앉지 않겠다고 다짐하고 또 다짐했습니다. 그렇게 한바탕 폭풍우가 휘몰아치고 난 후 정신이 들었을 때는, 이미 잘난 척하던 제 인격과 자존심은 땅에 떨어져 있었습니다. 하루아침에 부富가 가난으로, 풍요가 궁핍으로 변해 있었던 것입니다.

이효숙
매일 죽음만 생각하던 삶을 매일 감사하는 삶으로 바꾸신 하나님

5. 하나님이 새 일을 행하심(아름다운교회와의 만남)

감당할 수 없는 절망에 빠져 허우적거리고 있을 때, 하나님께서는 제게 또다시 새로운 일을 행하셨습니다. 저로 하여금 한 번도 생각해 본 적 없는 이곳, 신림동으로 이사를 하게 한 것입니다. 이사를 하고 난 후 저는, 한 달여를 넘게 주변에 있는 교회부터 차례로 다녀보기 시작했습니다. 그러던 중 하나님께서 제 인생에 있어 가장 든든한 버팀목이 되어준 아름다운교회와 만나게 해주셨습니다. 저는 아름다운교회를 만나는 순간 바로 '이 교회다!' 하는 생각이 들었고, 교회에 출석하면서부터는 하루하루 은혜와 감사가 넘치는 새 삶이 시작되었습니다.

예배 때마다 가슴속에서 뜨거운 무언가가 울컥하고 올라와서 눈물이 앞을 가렸고, 그 때문에 저는 늘 휴지를 들고 다녀야 했습니다. 목사님의 말씀도 어느 한 말씀 빼놓지 않고, 꼭 저를 위한 맞춤형 말씀인 것만 같았습니다. 또한 아름다운교회의 청년들을 볼 때마다 큰 감동을 받았습니다. 공부하느라고 시간에 쫓김에도 불구하고 금요예배에 모여, 두 손 들고 찬양하고 뜨겁게 기도하며 예배하는 청년들의 모습은 감동 그 자체였습니다. 특히 통로 땅바닥에 엎드려 간절히 기도하는 젊은이들과 마주치게 될 때면 저절로 탄성이 쏟아져 나왔고, 주르륵 투명한 눈물이 흘러내릴 만큼 감명적이기까지 했습니다. 저는 이제 저 스스로가 조금이라도 나태해지려 할 때마다, 이 젊은이들을 바라보며 힘을 얻습니다. 제게는 그들의 신실한 모습이 또 하나의 삶의 에너지원이기 때문입니다.

6. 웃음을 되찾아 준 셀 모임

그러나 안타깝게도 사람들과의 관계에서 받은 제 뿌리 깊은 상처는 온전히 아물지 못한 상태였습니다. 배신으로 인한 상처 탓에 저는 사람을 기피하게 되었고, 그 바람에 고혈압과 심장병까지 얻게 됐습니다. 처음으로 셀 모임에 참석해 보라는 전도사님의 권유를 들었을 때도 마찬가지였습니다. 사람들과 섞이는 것이 몸서리나서 "네!"란 대답이 쉽게 나오지 않았습니다. 정말 싫었습니다. 믿었던 사람들이었기에, 믿었던 그만큼 배신감 역시 컸던 모양입니다.

그러나 언제까지 어린아이처럼 징징대면서 싫다고 떼만 쓰고 있을 수는 없었습니다. 마침내 저는 하나님께 순종하는 의미에서 용기를 내어, 셀 모임에 참석해 보기로 했습니다. 여전히 사람들에게 상처를 받으면 어쩌나 하는 두려움이 앞섰지만, 이 일을 계기로 해서 그동안 사람들을 향해 걸어두었던 마음의 빗장을 조심스럽게 풀어보기로 한 것입니다. 정말이지 저로서는 쉽지 않은 결정이었습니다. 그런데 막상 참석해 보니, 첫 모임 때부터 제가 용기를 낸 것이 참 다행이라는 생각이 들었습니다. 오래전에 경험했던 성경공부와 구역예배와는 또 다른 느낌의 모임이었습니다.

하나님께서는 여러 권사님, 집사님들과의 만남을 통해 저의 상처와 아픔들을 치유하시기 시작했습니다. 셀 모임에서는 서로의 문제를 내려놓고 합심해서 기도해 줬습니다. 언제나 사랑과 은혜가 넘치는 모임이었습니다. 주 안에서 나눔의 교제가 풍성한 모임이었습니다. 셀 식구들의 따뜻한 말씀들과 어루만짐에 굳게 닫혀 있던 제 마음의 문이 스르륵 열리기 시작했습니다. 사실 아름다운교회에 처음 다닐 때만 해도 제 얼굴에는 웃음이 없었지만, 이제는 셀 모임 덕분에 그간에 잃었던 웃음을 되찾게 됐습니다.

이 자리를 빌려 다시 한 번 셀 모임에 함께해 주셨던 분들께 진심으로 감사의 인사를 전합니다. 사람에게 받은 상처를 오롯이 사람에게 치유 받게 되었으니, 이 또한 하나님의 크나큰 은총이 아닐 수 없습니다. 사랑합니다, 주님!

7. 제가 감사하는 이유

저는 더 이상 잃을 것이 없는 지금이 오히려 무척 행복합니다. 예전에 바쁠 때는 가족과 대화를 할 시간조차 없었습니다. 그러나 지금은 저뿐만 아니라 온 가족이 예배와 신앙생활에 충실하며, 서로서로를 위해 기도하는 행복을 누리고 있습니다. 저는 이제야 사무치게 깨달았습니다. 주시는 분도 하나님, 취하시는 분도 하나님이시라는 것을! 모든 것을 잃었을지라도 저의 사랑하는 하나님을 온전히 찾은 것, 그것 하나만으로도 저는 행복합니다.

제일 먼저 하나님을 떠난 삶이 어떠한지를 철저히 자각하게 해주신 주님께 감사드립니다. 온 가족이 사랑과 기도로 하나 되게 하심 또한 감사드립니다. 모름지기 감사할 때만이 행복이 찾아오고 평화가 찾아옵니다.

그리고 아름다운교회와 훌륭한 목사님을 만나게 해주신 것에 대해 감사드립니다. 성도들의 유아적인 신앙을 단련시켜 철저히 신앙적으로 홀로서기를 훈련시키시는 목사님, 권위의식이 아닌 겸손이 몸에 배어 늘 낮은 자리에서 섬기기를 애쓰시는 목사님, 접대받기를 원치 않고 근검절약을 몸소 실천하시며 이

이효숙
매일 죽음만 생각하던 삶을 매일 감사하는 삶으로 바꾸신 하나님

웃과 나눔의 기쁨을 경험토록 훈련시키시는 목사님, 모두 존경합니다.

마지막으로 어두움에서 빛 가운데로, 슬픔에서 기쁨으로 변화시켜 주신 주님! 주님의 존재 자체가 제가 감사하는 유일무이한 이유입니다.

나도 힘들고 아프고 고통스러웠다

서 춘 순

치유와 회복의 기적,
천금보다 귀한
금요예배

1. 아름다운교회와의 첫 만남

 저는 스무 살 때 주님을 영접했습니다. 아버지께서 고혈압으
로 갑자기 돌아가시고 저희 식구들이 방황하고 있을 때, 이웃
의 전도로 가족 모두가 교회에 다니게 됐습니다. 그러다가 결
혼 후에 남편의 직장을 따라 인천에서 20년 가까이 믿음생활
을 했고, 2006년 4월 서울 신림동으로 이사를 왔습니다. 이사
오기 며칠 전쯤 제가 다니던 인천교회 집사님과 이야기를 나눌
기회가 있었습니다. 서울로 이사를 가게 되면 정말 좋은 교회
에 다니고 싶다는 소망을 전했더니, 집사님께서 신림동에 가면
'아름다운교회'가 있다고 소개해 주셨습니다. 집사님 따님이 이
교회에 가서 금요예배를 드리고 있는데, 얘기를 들어보니 무척
좋은 교회 같다는 것이었습니다. 그렇지만 솔직히 당시에는 그

서춘순
치유와 회복의 기적, 천금보다 귀한 금요예배

리 귀담아 듣지 않았습니다. 소개해 주신 집사님 마음은 무척 고마웠지만, 아무래도 제가 직접 교회에 가보고 예배에 참석해 봐야 좋은지 아닌지 알 수 있을 것 같아서였습니다.

그러던 제게 아름다운교회와의 첫 만남은 정말이지 우연을 가장한 인연처럼 느껴졌습니다. 신림동으로 이사 온 지 얼마 안 돼, 동네를 순환하는 8번 마을버스를 타게 됐습니다. 별 생각 없이 자리에 앉아 차창 밖으로 동네 구경을 하고 있는데, 때마침 아름다운교회를 알리는 버스 광고방송이 나왔습니다. 방송으로 아름다운교회라는 말을 듣는 순간 귀가 반짝 뜨이면서, 제 마음을 움직이게 하는 어떤 힘이 감지됐습니다. 하필이면 제가 마을버스를 타고 있던 그 시간에 광고방송이 나왔다는 것도 예사롭지 않았습니다.

저는 그 길로 당장 아름다운교회로 발걸음을 돌렸습니다. 초행길에 물어물어 찾아간 교회는 생각보다 규모가 너무 작아 실망 아닌 실망을 했습니다. 번듯한 대형 교회가 아닌 작고 허름한 상가의 지하 교회였습니다. 그러나 잠시 후 저는 실망이 기대로 바뀌는 놀라운 순간을 경험했습니다. 무엇보다도 먼저 뜨거운 찬양에 놀랐고, 그 뒤를 이어 알기 쉽게 말씀을 전하시는 목사님께 또 한 번 놀랐습니다. 결국 저는 제가 바라던 대로 교회를 직접 찾아가 예배에 참석해 보고, 그곳에서 실제로 느끼고 감동한 끝에 스스로 결정을 내리게 된 것입니다. 이는 분명 우연이 아닌, 하나님께서 이끌어 주신 귀한 인연이었습니다.

2. 계속되는 고난, 사랑하는 사람들을 떠나보내다

그 후 1년이 조금 지난 후 꿈에서조차 상상하지 못했던 일이 일어났습니다. 갑작스럽게 매우 건강했던 남편이 암 진단 2개월 만에 주님의 부르심을 받고 만 것입니다. 너무나 순식간에 벌어진 일이라 저는 정신을 추스를 시간조차 없었습니다. 도무지 어디서부터 어디까지 수습할지 몰라서 마냥 넋을 놓고 있었습니다. 그렇게 당혹스러움으로 눈물만 흘리고 있을 때, 제 앞에 한줄기 햇살과 같은 구세주가 등장했습니다. 바로 저의 헬퍼였던 고 강영애 권사님입니다. 저는 강 권사님을 만나 정말로 각별한 사랑과 큰 위로를 받았습니다.

권사님과 더불어 셀 식구들과의 은혜로운 만남도 이루어졌습니다. 이분들과 함께 한 주 한 주 보내면서, 서서히 제 아픔은 약해지고 즐거움이 다시 찾아왔습니다. 삼삼오오 모이기만 하면 늘 교회 자랑, 목사님 자랑에 여념이 없었고, 셀 식구들과 함께 있으면 마음이 평온해졌습니다. 그래서 셀 모임은 언제나 기다려지는 모임이었습니다. 그러나 권사님과 셀 식구들의 위로와 사랑을 받으며 다시 일어서려는 순간, 강 권사님 역시 갑작스레 암 선고를 받고 제 곁을 떠나가셨습니다. 남편에 이은 강 권사님의 소천召天은 더 큰 아픔과 슬픔으로 다가왔고, 저는 또 한참을 울어야 했습니다. 저에게는 삶의 구세주와 다름없었던 분을 떠나보내고 나니, 상실감을 넘어서 공허감이 찾아왔습니다.

3. 주님께서 이끄시는 만남

연달아 일어난 두 번의 시련 때문에 저는 다시 좌절하며 암흑 속에 갇혔습니다. 가까스로 마음을 다스리고 예배에 참석했지만, "하나님 한 번도 나를 실망시킨 적 없으시고"라는 찬양을 부를 때마다 목이 꽉 막혀왔습니다. 특히 이 구절을 부를 때면 '그런데 왜 하나님께서는 나에게만 이런 실망을 주셨을까?' 하는 생각이 들어, 그만 입이 닫히고 말았습니다. 심지어 예배를 보러 갈 때도 길거리 신호등 앞에 서 있을 때도 '오늘도 그 찬양을 부르면 어쩌나?' 하는 걱정에, 누군가 발을 잡아 매어놓은 것처럼 걸음이 떼어지지 않았습니다. 그 후 매일매일 "하나님, 왜 사랑하는 남편과 강 권사님 모두 제 곁에서 떠나가게 하셨나요?"라고 되뇌면서 혼자 울었습니다.

 그렇게 깊디깊은 슬픔과 상실감 속에서 1년 가까이 눈물만 흘리며 지냈습니다. 다시 일어서고 싶어도 온몸에서 기운이 다 빠져나가 버려 엄두조차 나지 않았습니다. 그러던 어느 날이었습니다. 기도 하는 중에 불현듯 '이제 난 누구에게 사랑받고 위로받을 자로 머무는 것이 아니라, 아파하고 힘든 자에게 먼저 다가가 사랑하고 위로해 주는 자로 살아야겠다.'라는 마음속의 울림이 있었습니다. 그야말로 정신이 번쩍 드는 느낌이었습니다.

 제대로 정신을 차리고 나니 1년 남짓이나 목이 막혀 부를 수 없었던 "하나님 한 번도 나를 실망시킨 적 없으시고" 찬양을 제 목소리로 부를 수 있었습니다. 찬양 뒷부분인 "내 너를 떠나지도 않으리라, 내 너를 버리지도 않으리라." 하는 대목에서는 한없는 은혜가 쏟아졌습니다. 이날 이후부터는 제가 위로받고 사랑받고 싶어 흘리던 눈물이 말끔히 사라져 버렸습니다.

 그러나 다 좋아진 것은 아니었습니다. 저 자신과 주변 환경, 그리고 세상을 바라보게 될 때면 여전히 막막해지고 두려워졌습니다. 그럴 때마다 용기를 내서 한 걸음 더 내디뎠어야 하는데 그러질 못하고 있었습니다. 그때쯤이었습니다. 강단에서 말씀으로만 가르치지 않으시고 행동으로 본을 보이시는 인치승 담임 목사님의 삶이, 제게 은혜와 감동으로 다가왔습니다. 그 순간 두려움과 막막함이 '아, 무엇이 두렵단 말인가? 나도 저 목사님처럼 살면 될 것을!'라는 생각으로 바뀌었습니다. 꽉 막혀 있던 가슴이 한 방에 뚫리는 기분이었습니다. 이후부터 목사님은 저의 멘토가 됐습니다. 애타게 찾아 헤매던 제 인생의 멘토를 드디어 만나 뵙게 된 것입니다.

그러고 보면 남편과의 만남도, 강 권사님과의 만남도, 셀 식구들과의 만남도, 인 목사님과의 만남도, 모두 다 내 사랑하는 주님이 이끌어 주신 것임을. 주님, 찬미합니다!

4. 금요예배, 그 무겁던 몸이 가벼워져 날아가는 기적

전업 주부였던 저는 언젠가부터 남편의 몫까지 대신하며 직장생활을 해야 했습니다. 몸도 마음도 점점 지쳐갔지만 조금만 더 버텨보자는 마음으로 출근을 했고, 힘이 들어도 내색 하지 않고 일에 충실하기 위해 나름대로 최선을 다했습니다. 이 과정에서 직장에서 없어서는 안 될 사람으로 인정받는 기적을 경험하기도 했습니다. 포기하지 않고 주어진 상황에서 최선을 다한 결과라 무척 기뻤습니다. 이 일이 생기고 나서 작은 일에도 은혜로움을 느끼고 감사하는 마음으로 생활하니, 마인드까지 긍정적으로 바뀌어 모든 예배를 사모하게 됐습니다. 그중에서도 저는 특별히 큰 은혜가 있다는 금요예배를 드리고 싶었습니다. 그러나 직장의 늦은 퇴근으로 참여할 수 없었습니다. 안타까워하며 기도하던 중 또 한 번의 기적 같은 응답을 받았습니다. 제가 그렇게 원하던 금요예배에 참석하게 된 것입니다.

그러나 사실 금요예배에 처음 갔을 때는, 그동안 너무 잘 알고 있고 듣고 있던 예배에 관한 설교를 반복하는 듯해 지루한 감도 없지 않았습니다. 하지만 시간이 지나면서 지난날 잘못된 예배를 드렸던 제 자신부터 되돌아보게 됐습니다. 세상의 허탄한 일에 바빠, 소홀히 여기고 습관적으로 드렸던 예배를 철저히 회개했습니다. 그 후 하나님은 제가 수요예배까지 드릴 수 있도록 허락해 주셨습니다.

부끄럽지만 이제야 저는 왜 성령의 후원하심을 받고 갖가지 은사도 받아야 하는지를 정확히 깨닫게 됐습니다. 그리하여 "성령의 후원하심으로 성령 충만하여 나 자신을 이기고 환경을 이기고 세상의 불신앙적인 것들을 이기고, 원수마귀 공격을 알아 기도로 승리하며, 나 혼자만 사느라 쩔쩔매는 삶이 아닌 갖가지 은사를 받아 남을 살리고 도와가며 섬기는 삶을 살아야 한다."는 목사님의 기도가 곧 저의 기도가 됐습니다. 그 덕분에 지금은 섬기는 삶을 살기 위해 저에게 필요한 은사도 구하고 있습니다. 정말이지 엄청난 변화가 주님의 은총 속에서 이루어진 것입니다. 물론 가끔씩은 금요예배를 드리러 갈 때 육체적으로 너무 지치고 힘들어 갈등을 할 때도 있습니다. 그러나 막상 은혜 속에서 예배를 드리고 나오면, 그 무겁던 몸이 1g도 안 되는 것처럼 가벼워 날아갈 것만 같습니다. 금요예배 역시 저에게는 또 하나의 기적이었습니다.

5. 주님께서 주신 평안과 소망

그동안 저로서는 이해하기 힘들었던 시간들이 다 지나간 것은 아닙니다. 그러나 지나간 시간을 찬찬히 되돌아보면, 그 고난의 시간 속에서도 어느 것 하나 주님의 손길이 미치지 않은 것이 없었습니다. 주님께서는 주님의 계획 안에서 저와 아름다운교회를 만나게 하셨고, 제게 더할 수 없이 소중한 멘토까지 허락해 주셨습니다. 또한 제가 앞으로 어떻게 살아가야 하는지를 알게 해주셨고, 궁극적인 제 삶의 목표가 달라지게 해주셨습니다. 지금까지 자신과 가족의 행복만을 추구하던 저에게 남을 살리고 섬기는 삶에 관심을 갖게 해주셨고, 여기서 그치지 않고 알게 모르게 주님 앞에서 사람 앞에서 교만했던 저의 추한 모습도 뒤돌아보게 하셨습니다.

이 모든 것이 주님의 은총 어린 손길이었음을 아둔하게도 저는 너무 늦게야 깨달았습니다. 그렇지만 이제부터는 아무리 고단하고 힘이 들어도, 주님께서 주시는 평안과 소망이 있어 무엇보다 행복할 것임을 믿어 의심치 않습니다.

앞으로 남겨진 저의 삶이 조금이나마 주님의 기쁨이 되길 원합니다!

주님의 흔적이 있는 삶으로 쓰임 받는 사람으로 살길 원합니다!

치유와 회복의 기적을 이루어 주시고, 천금보다 귀한 아름다운교회를 만나게 해주신 주님께 감사하며 모든 영광을 돌립니다.

서춘순

치유와 회복의 기적, 천금보다 귀한 금요예배

박분초

안 되는 일들이
큰 복이 되었습니다

1. '남편 구원'을 위한 기도

제가 지금까지 '남편 구원'을 위한 기도를 30년 넘게 해왔지만, 좀 더 집중적으로 기도한 건 2년 전부터입니다. 그때 저는 "저항할 수 없는 은혜를 베풀어 주셔서 제 남편을 구원해 주십시오. 하나님 앞에서도 사람들에게도 부끄럽습니다."라고 울면서 간절히 기도했습니다. 그동안 살아오면서 남편 때문에 속 썩은 적이 한두 번이 아니었기에, 남편 구원을 위한 기도는 더더욱 간절할 수밖에 없었습니다.

그런데 어찌 된 일인지 이후부터 남편에게 생각지도 못했던 큰일들이 터지기 시작했습니다. 퇴근길에 술에 취한 남편이 달리는 택시에서 뛰어내리지를 않나, 주유하러 갔다가 트럭과 충돌하는 바람에 차가 폐차가 되질 않나…. 정말이지 까딱하면 남편이 죽을 수도 있는 일들이 연이어 일어나고 있었습니다. 트럭과 사고가 났을 때는 남편의 갈기갈기 찢겨진 옷만 보고도, 온몸에 소름이 돋을 만큼 무척 놀랐습니다. 오히려 그런 상황 속에서도 하나님께서 남편의 생명을 지켜주신 것 자체가 기적이었고 또 하나의 구원이었습니다. 저는 무조건 남편을 살려주신 것만으로도 하나님께 감사 기도를 올릴 수밖에 없었습니다.

2. 연이어 찾아온 고난

남편이 사고가 난 지 몇 개월이 지난 후였습니다. 집에 혼자 있는데 갑자기 법원에서 직원들이 들이닥쳤습니다. 그러고는 제게 다짜고짜 "집이 경매에 넘어가게 됐다."라는 말을 던졌습니다. 대체 이건 또 무슨 일인가 싶어 저는 그럴 리 없다며 집을 잘못 찾았을 거라고 대답했습니다. 그랬더니 직원들이 재차 저희 집 주소까지 확인시켜 줬습니다. 날벼락도 이런 날벼락이 없었습니다. 너무 당황스럽고 당최 믿을 수가 없었습니다. 제 남편은 30년 동안 은행에서 근무했던 사람입니다. 그런 남편이 그렇게 허술하게 집을 담보로 남의 보증을 서줬다니, 저는 물론이고 주위 사람들도 이해할 수 없는 일이라고 했습니다. 더

군다나 이제 남편은 은행을 그만두어 더 이상 소득도 없는 상태였습니다.

그런데 더 큰 문제는 이것으로 끝이 아니란 점이었습니다. 일일이 설명하기도 어려울 정도로 계속해서 안 좋은 일들만 밀려왔습니다. 저는 이미 오래전부터 심신이 지쳐 있는 상태였고, 정말이지 마음 같아서는 남편을 그만 포기하고 싶은 생각까지 들었습니다. 그동안 여러 번 가슴을 내려앉게 하고 실망시킨 것으로도 모자라 이제는 집까지 날아가게 됐으니, 도대체 어떻게 해야 할지 눈앞이 깜깜했습니다.

3. 하나님의 역사이자 아름다운 응답

그러나 이대로 남편을 포기할 수는 없었습니다. 하늘이 무너져도 솟아날 구멍이 있는 것처럼, 분명 안 좋은 일들이 연이어 터질 때에도 소생할 기회는 있는 것이라고 저 자신을 위로했습니다. 지금 이런 상황에서는 제가 당장 할 수 있는 일부터 찾아서 하는 것이 순서였습니다. 그것은 더 절절히 더 간절히 기도하는 것이었습니다. 그렇게 기도하던 중에 '이 일들을 통해 하나님께서 역사하신다.'는 사실을 선명하게 믿을 수 있게 됐습니다. 더 나아가 이는 결코 저항할 수 없는 하나님의 역사이자 은혜로운 응답임을 깨달을 수 있었습니다.

저는 남편에게 단호하면서도 간곡하게 말했습니다. "이제 당신에게 남은 것이라곤 생명밖에 없어요. 그런데도 더 미루시겠어요? 우리 모두 하나님의 도우심을 구해야 살 수 있어요. 하나님은 어떤 상황에서도 절대 당신을 포기하지 않으실 분이세요." 그런 제 절절함이 남편의 가슴에 닿아서였을까요? 아니면 제 기도가 응답을 받은 것일까요? 아마도 둘 다 해당될 것입니다. 그토록 오랫동안 남편을 위한 구원 기도를 해왔을 때에도 마음을 움직이지 않던 남편이, 마침내 제 말을 듣고 교회에 첫발을 들이게 된 것입니다.

4. 아무것도 염려하지 말라

아무것도 염려하지 말고 다만 모든 일에 기도와 간구로,

너희 구할 것을 감사함으로 하나님께 아뢰라.

그리하면 모든 지각에 뛰어난 하나님의 평강이

그리스도 예수 안에서 너희 마음과 생각을 지키시리라.

〈빌립보서 4:6~7〉

저는 이 말씀을 집중적으로 붙잡고 기도했습니다. 물론 이외

에도 수많은 말씀들이 저를 위로해 줬습니다. 남편이 교회에 나가게 되자 앞으로 제가 할 일은 딱 한 가지뿐이었습니다. 목사님이 말씀하신 대로 예배에 집중하고 기도에 집중하고 성령님의 도움을 쉼 없이 구해야 한다는 것을 깨달은 것입니다. 저는 깨달은 그대로 행했습니다. 그러자 "말씀이 꿀송이처럼 달다."는 말이 정확히 어떤 의미인지 지속적으로 경험할 수 있었습니다. 놀랍게도 한 단계 더 나아가 저에게는 '믿음의 담력'이 생겼고 '감사의 능력'이 나타났습니다. 이후부터는 참으로 자연스럽게 모든 일에 감사하게 됐습니다. 이전에는 누리지 못했던 하나님의 평강이 제 마음속에 가득 들어찼습니다. 게다가 그 평강을 날마다 누릴 수 있었습니다. 풍랑 속에서도 잠잠케 하시는 하나님의 따사로운 은혜 덕분에, 그 어느 때보다도 행복한 신앙생활을 하게 된 것입니다. 그것도 그토록 원하던 남편과 함께 교회를 다니면서 말입니다.

5. 하나님은 모든 것을 하실 수 있습니다

저는 태어나서 한 번도 돈을 벌어본 적이 없었습니다. 어릴 때부터 많이 아팠고 마음도 몸도 여린 자였습니다. 그런데 하나님은 제게 2년 전부터 가정 경제권을 맡기셨습니다. 이제는 어김없이 새벽 3시면 일어나 일하고 와서 곧바로 새벽예배를 드리러 가고, 거기에 교회일과 집안일까지 도맡아 하게 됐습니다. 그전의 저였다면 도저히 할 수 없었던 일들을 성령님께서, 정말 기쁘고 감사하게 할 수 있도록 만들어 놓으신 것입니다. 2년 동안을 새벽예배에 개근하게 하시고, 한 번도 불평하지 않고 남편을 위로하게 해주셨습니다.

때로는 혹독하게 훈련받고 있는 남편이 안타깝기도 했지만, 이 과정들이 남편에게도 꼭 필요하기에 하나님께서 허락하셨을 것이라는 믿음이 있었습니다. 전에는 믿음이 없었던 남편이지만, 성령님의 도우심과 매사에 감사하며 힘 있게 사는 제 모습을 보고는 놀랍도록 변했습니다. 가끔씩 제가 교회일 하느라 힘이 들까봐 식사 준비도 해주고 빨래까지 대신해 줍니다. 게다가 남편은 40년 가까이 피워오던 담배도 끊었습니다. 심근경색으로 수술한 후 의사 선생님이 "담배 피우면 죽습니다."라고 주의를 줬어도 절대로 못 끊던 담배였습니다. 남편의 의지만이 아니라 성령님의 도움이 있었기에 가능한 일이었습니다. 그런데다가 그동안 간절히 기도하던 집 문제도 깔끔하게 해결이 됐습니다.

이렇듯 남편과 함께 교회에 다니면서부터는 불가능해 보이기만 했던 좋은 일들이 자꾸 일어났습니다. 하나님께서 가장 귀중한 구원을 남편에게 허락하신 것입니다. 한번 생각해 보십시오. 아무리 돈이 많은들 1억 원으로 구원을 살 수 있을까요, 2억 원으로 구원을 살 수 있을까요?

저는 저희 부부에게 일어난 이 모든 일들이 목사님을 통해 듣게 된 하나님의 말씀을 소중하게 여기고, 그것을 실천했을 때 얻어지는 큰 열매임을 믿습니다. 전지전능하신 하나님, 하나님은 모든 것을 하실 수 있습니다. 아멘!

조 정 규

어머니의 영혼을
구원하시고
오랜 수험 생활을
구원하신 하나님

1. 어머니의 기도

저희 가족 중에서 교회를 다니며 신앙생활을 하는 사람으로
는 제가 유일했습니다. 어머니는 교회보다는 가끔씩 절에 가셔
서 아들의 합격을 빌곤 하셨고, 아버지 역시 가족들이 교회에
다니는 것을 그다지 곱지 않은 시선으로 보셨습니다. 이런 분
위기 때문에 가족을 전도하고 싶은 마음이 누구보다 컸음에도
불구하고, 어떤 방법으로 무엇부터 해야 할지 알 수가 없어서
저는 그냥 마음속으로 기도만 하고 있는 상태였습니다.

하루는 어머니께서 절에 가셔서 아들의 합격을 빌고 오셨다
는 말씀을 들었습니다. 저는 지나가는 말로 "어머니, 아들이 잘
되기를 원하신다면 이왕이면 제가 섬기는 분과 같은 분에게 기
도해 주셨으면 좋겠습니다."라고 했습니다. 저는 별 생각 없이

조정규
어머니의 영혼을 구원하시고 오랜 수험 생활을 구원하신 하나님

무심코 내뱉은 말이었는데, 듣고 계신 어머니는 그렇지가 않으셨나 봅니다. 직접 아들의 입을 통해서 그런 말을 듣고 나니, 그때부터 어머니의 태도가 확연히 달라지신 듯했습니다. 지금까지는 아버지 눈치가 보여서 교회를 다니지 못하셨기 때문에 기도를 어떻게 하는지도 모르셨지만, 그날 이후부터는 매일 아침마다 무릎을 꿇고 부처님이 아닌 '하나님'께 아들과 가족의 행복을 위해 기도를 시작하신 것입니다. 어머니는 정말로 하루도 빠짐없이 기도를 하셨고, 길을 걸으면서도 집안 살림을 하면서도 늘 하나님을 생각하며, 가족의 행복을 위해 기도하셨다고 합니다. 이렇게 아들의 말 한마디로 하루아침에 달라지신 어머니의 모습이, 저에게는 다름 아닌 축복인 동시에 힘이 돼주었습니다.

저는 사법시험을 준비 중인 고시생이었습니다. 그 때문에 감사하게도 부모님이 무척 신경을 써주셨습니다. 제 고향은 지방이지만 사법시험 다섯 번째 2차 시험을 보는 기간에는, 아버지와 어머니 두 분 모두 서울로 올라오셔서 아들을 응원해 주셨습니다. 원래는 한양대학교에서 시험을 치르게 되어 시험기간 동안에는 학교 근처의 고시원에서 지내기로 했었는데, 아들이 어찌나 걱정되셨던지 어머니가 제가 묵는 방 바로 옆에 방을 따로 얻어 같이 지내겠다고 하셨습니다. 어머니의 눈물겨운 사랑에 무척 감동하고 가슴까지 뭉클해졌지만, 저는 시험기간 동안 어머니에게 제 예민한 모습을 보여드리기가 싫어 정중히 거절했습니다. 그 대신 어머니에게 아름다운교회에 나가셔서 기도를 해달라고 부탁드렸습니다.

어머니는 제 뜻에 따라 시험기간 동안 내내 아름다운교회의 새벽예배에 나가셔서, 아들을 위해 당신이 할 수 있는 최선을 다해 기도를 하셨습니다. 그리고 처음으로 나가본 새벽예배에서 목사님의 말씀과 수험생들을 위해 기도하시는 성도님들의 모습에 큰 은혜를 받으셨다고 합니다. 아니, 어머니의 정확한 표현을 빌리자면 "남이나 다름없는 수험생들을 걱정하시는 목사님의 말씀 한 마디 한 마디가 가슴을 후벼 파는 것처럼 느껴졌고, 친자식처럼 간절하게 수험생들을 위해 기도하시는 집사님과 권사님들을 보면서는 '세상에 이런 사람들이 다 있나?' 싶을 정도로 놀랐다."라고 하셨습니다. 따뜻하신 목사님과 집사님, 권사님들 덕분에 어머니도 뜨거운 마음이 생겨 더 간절하게 기도를 하셨는데, 처음에는 기도하는 방법을 몰라서 그냥 두 눈만 질끈 감고 아들의 합격을 빌었다고 합니다. 다행히도 어머니의 이런 모습을 알아채신 권사님 한 분이 어머니께 다가

조정규
어머니의 영혼을 구원하시고 오랜 수험 생활을 구원하신 하나님

와 '성령님, 도와주세요!'라고 기도하면 된다고 알려주셨다는 것입니다. 이후로 어머니는 권사님께서 가르쳐 주신 대로 또박또박 성령님을 부르시며 기도를 하셨다고 합니다.

그런데 저는 불과 얼마 전까지만 해도, 시험기간 동안 어머니께서 새벽예배에 나가서 간단히 기도만 하고 오신 줄로만 알고 있었습니다. 그런데 최근 어머니로부터 놀라운 말을 듣게 되었습니다. 권사님께서 알려주신 대로 성령님을 부르며 기도를 하고 있는데, 갑자기 어머니의 혀가 꼬이면서 무슨 말인지 알 수 없는 말들을 하게 되셨다는 것입니다. 어머니 본인도 깜짝 놀라서 마음을 차분하게 먹은 뒤 다시 성령님을 불러보았는데, 또다시 입으로는 이상한 말을 하더라는 것입니다. 사실 어머니가 제대로 예배당에 나가서 기도를 하신 것은 이번이 처음이었습니다. 그런데도 아들에 대한 어머니의 마음이 하도 간절해서인지, 저도 믿지 못할 정도로 처음부터 방언기도를 하시게 된 것입니다.

물론 어머니는 방언기도가 무엇인지조차 모르시는 분이었습니다. 얘기를 듣고 있다가 깜짝 놀란 제가 어머니께 방언기도를 하신 것 같다고 하자, 그게 어떻게 하는 기도냐고 반문을 하실 정도였으니 말입니다. 기독교에 대해서는 완전히 백지상태나 마찬가지인 어머니였기에, 제가 놀라는 것도 무리가 아니었습니다.

정작 제 자신은 어머니처럼 그토록 간절하게 기도를 드리지 못했습니다. 오히려 어머니께서 저의 백 배 이상의 간절함을 담아 제 기도를 대신해 주신 것 같아, 스스로가 한없이 부끄러워졌습니다.

언젠가 어머니께서 제게 기도를 어떻게 하는 것이냐고 물어보신 적이 있습니다. 그때 저는 기도는 하나님께 하는 것이고 예수님의 이름으로 하는 것이라고만 알려드렸습니다. 하지만 어머니께서는 기도야말로 간절한 마음으로 성령님께 구하는 것이라는 것을, 몸소 실천하여 제게 깨닫게 해주셨습니다.

아름다운교회에서 큰 은혜를 맛보신 이후 어머니는 지금까지도 교회를 꾸준히 다니고 계십니다. 아버지는 아직 교회를 다니시지는 않지만, 인치승 목사님의 설교와 TV에서 방영되는 유명 목사님들의 설교를 즐겨 듣고 계십니다. 저는 확신합니다. 어머니의 뒤를 이어 아버지 역시 하나님께서 부르시는 과정에 들어서신 것이라고 믿고 있기 때문입니다.

조정규
어머니의 영혼을 구원하시고 오랜 수험 생활을 구원하신 하나님

2. 나의 기도

부끄럽게도 저에게는 아직까지도 명확한 비전이 없습니다. 다만 아직은 때가 되지 않았을 뿐, 언젠가 하나님께서 분명한 소명을 주실 것이라는 믿음은 갖고 있습니다. 그러나 어쨌든 간에 현재에 대한 확고한 비전이 없다는 점은 수험생활에 있어서 의욕을 잃게 만들었고, 신앙생활에 있어서도 간절한 기도를 힘들게 했습니다. 그나마 다행스러운 것은 아름다운교회에서 꾸준하게 봉사활동을 할 수 있었기에, 수험기간 내내 신앙생활을 유지할 수 있었다는 점입니다. 그렇지만 아무리 생각해도 제가 신앙인이라고 불리기에는 아직 부족하고, 단지 교회만 왔다 갔다 하는 교인에 지나지 않는 모습일 때가 훨씬 더 많았습니다. 그러다 보니 시험 합격을 위한 기도도, 인격을 갖추게 해달라는 기도도 둘 다 자주 하지 못했습니다. 도리어 기도를 할 때마다 제 자신의 부족함만이 더 크게 느껴져서, 그 당시 제 기도의 대부분은 회개 기도에 그쳤던 것 같습니다.

네 번째로 2차 시험에서 낙방한 이후에야 저는 마음을 고쳐먹게 됐습니다. 시험 합격을 위해 기도하는 것은 제 욕심만 채우는 기도 같아서 부끄럽다는 생각도 들었지만, 우리 하나님은 그런 것을 가리지 않고 기도하는 것을 들어주시는 분이니 꾸준

나도 힘들고 아프고 고통스러웠다

하게 기도한다면 반드시 들어주실 것이라 믿었습니다. 지금 와
서 생각해 보면, 마지막 2차 시험을 준비하는 기간 동안에는 부
끄럽게도 정말 바리새인처럼 기도를 했습니다. 마음으로 간절
하게 기도해야 하는데, 그 마음이 간절하지 못하다면 대신 몸
으로라도 간절하게 기도하자는 취지에서였습니다.

하루 세 번, 그것도 저는 굳이 아름다운교회 예배당까지 직접
나가서 기도를 드렸습니다. 1월 중순부터 9월 무렵까지 대략 9
개월 동안 시험 당일을 제외하고는, 단 하루도 빠짐없이 하루
에 세 번씩 교회 예배당을 찾아 기도를 했습니다. 이를 지키기
위해 9개월 동안에는 신림동을 벗어나야 하는 약속은 아예 잡
지조차 않았고, 고향에도 내려가지 않았습니다. 다른 건 내세
울 게 전혀 없지만 이렇게라도 기도를 드리니, 저의 노력하는
모습을 봐서라도 부디 성령님께서 도와주십사 하고 기도를 올
렸습니다.

원래대로라면 제 계획은 시험 결과 발표 날까지 이런 기도를
계속하는 것이었습니다. 그런데 정작 발표를 한 달 정도 남기
고는 기도를 아예 하지 못하고 있었습니다. 전적으로 제 믿음
이 부족한 탓이었겠지만, 제 스스로 아직까지 인격적으로 부족
하기에 올해에도 시험에서 떨어질 것 같다는 불안한 생각이 들

었기 때문입니다. 그런 생각이 들자 합격시켜 달라는 기도는 서서히 줄어들었고, 그보다는 주님의 종으로서 부족함이 없는 사람이 먼저 되게 해달라는 기도를 시작했습니다. 합격에 대한 믿음이 사라지다 보니 바리새인처럼 하루 세 번 기도하는 것도 무의미하게 생각되어, 자연스럽게 기도를 중단하게 된 것입니다.

그러나 제가 기도하지 못한 기간은 감사하고 또 감사하게도 어머니의 기도와 목사님, 그리고 많은 성도님들의 기도로 채워진 것 같습니다. 그렇지 않았다면 저의 합격은 또다시 미루어졌을 것이기 때문입니다. 저의 부족함을 그들의 참된 기도로 채울 수 있었다니 저는 정말 행운아임에 틀림없습니다.

3. 마치며

일단 사법시험에는 합격했으나 제가 '앞으로 하나님의 영광을 드러내는 의로운 법조인으로 살아갈 수 있을까?' 하는 생각이 들면, 솔직히 말해 기쁨보다는 두려움이 앞섭니다. 아직까지도 마음속에는 하나님의 공의公義보다 저의 욕심이 더 많고, 주님의 말과 행동보다는 인간의 말과 행동이 더 먼저 튀어나옵니다. 그럼에도 불구하고 하나님께서 저를 합격시켜 주신 것은, 평생 예배와 기도하기를 쉬지 말라는 의미인 것 같습니다. 예배와 기도에 힘쓰며 제 스스로의 의지보다는 성령님께서 이 끄시고 만드시는 모습대로, 앞으로의 인생을 살도록 노력하겠습니다.

　이 지면을 빌려 특별한 애정과 관심으로 보살펴 주신 인치승 목사님께 감사드리고, 저를 위해 기도해 주신 권사님, 집사님들께도 진심으로 감사드립니다.

　아들을 위해 눈물로써 기도하신 어머니께 감사드리고, 묵묵하게 응원해 주신 아버지, 제 동생에게도 감사의 말을 전합니다.

　수험기간 동안 기도생활을 할 수 있도록 든든하게 함께해 주었던 아름다운교회 청년들에게도 감사드립니다.

　그리고 누구보다도 부족한 저를 합격의 길로 인도해 주신 하나님께 감사드리며, 이 모든 영광을 돌립니다.

조정규
어머니의 영혼을 구원하시고 오랜 수험 생활을 구원하신 하나님

양영선 & 인경수

그분을 향한 설렘을
아시나요?

1. 하나님은 자녀교육을 책임져 주십니다

딸과 아들을 키워오면서 우리 가정에 임하신 하나님의 은혜는 참으로 놀라웠습니다. 조금 부족하더라도 항상 믿음으로 살려는 저희에게, 하나님은 언제나 저희 생각보다 크고 좋은 것을 정확하게 주셨습니다. 숙명여대 4학년 딸과 서울대 2학년 아들을 신앙 안에서 전액 장학생으로 반듯하게 성장시켜 주셨고, 아이들로 인하여 저희들이 부산 생활을 접고 계획에도 없었던 서울로 올라오게 이끌어 주셨고, 늘 찾고 싶었지만 쉽게 찾을 수 없었던 좋은 교회와 목회자와 교우들을 이 아름다운교회에서 한꺼번에 찾고 만나게 해주셨습니다. 이 모든 은총을 내려주신 하나님께 먼저 감사의 기도를 올립니다.

아이들의 자취생활을 가까이에서 뒷바라지하고 싶었지만,

25년여 살았던 본토 부산을 떠나 낯선 서울로 간다는 것이 생각처럼 쉬운 일만은 아니었습니다. 모든 것을 정리하고 믿음만으로 떠나야 하는 상황이었기 때문입니다. 사실 아이들이 없는 부산에 더 머무를 필요도 없었지만, 새로운 곳으로의 이전은 필요 여부를 떠나 저희 부부에게는 또 하나의 큰 도전이며 두려움이었습니다. 오랜 세월을 살아온 곳이었기에 정리하는 데에도 시간이 많이 걸릴 것 같았습니다. 그런데 이 부분에서도 하나님은 저희의 생각보다 훨씬 더 신속하고 세밀하게 도움을 주셨습니다. 이렇듯 하나부터 열까지 하나님께서 저희의 자녀 교육까지 책임져 주셨으니, 저희 가정은 참으로 은혜롭고 복된 가정입니다.

2. 하나님이 기뻐하시는 아름다운교회를 상으로 주셨습니다

서울 생활의 여러 사항 중에서도 교회 선택은 가장 크고 중요한 부분이었습니다. 몇 번의 시행착오와 기도 끝에, 저희 가족은 어느 여름날 아름다운교회에서 첫 저녁예배를 드리게 되었습니다. 그때 받은 신선한 충격과 감동최선을 다하는 진지한 예배, 겸손한 모습. 기쁨과 평안 등등은 저희 가족에게 한줄기의 빛으로 다가왔습니다. 그 기쁨으로 어떤 날은 집에서 하루에 4편의 영상 설교를

본 적도 있었습니다.

저희는 아름다운교회에 자진해서 등록을 한 후 전도사님과 새 가족 모임을 가졌습니다. 목사님과의 이어진 만남에서는 늘 하나님 기뻐하시는 자녀로서 합당한 신앙생활을 하려는 저희 열망과 무척이나 일치했기 때문에, 가슴 벅찬 환희를 느낄 수 있었습니다. 저희 가족 모두에게 아름다운교회는 '세상에, 이런 교회도 있구나!' 하는 놀라움과 감동의 연속이었습니다. 마치 하나님께서 저희에게 아름다운교회를 상으로 내려주신 것과 같았습니다.

3. 하나님은 예배와 기도처에 먼저 오십니다

저희 가족은 지금까지 성경공부와 친교봉사보다는 예배와 기도생활을 더 중요시 여겨왔기 때문에, 아름다운교회에서 특성별로 예배를 나눠놓은 것과 새벽예배를 준비하시는 과정, 그리고 귀로 듣고 눈으로 보고 확인되는 모든 것들이 정말로 신실하심 그 자체라는 것을 단박에 깨닫게 되었습니다. 덕분에 한번 더 '아름다운교회가 하나님의 사랑이 넘칠 수밖에 없는 교회 중의 교회'란 사실을 느낄 수 있었고, 이와 더불어 새삼스럽게 새벽의 소중함까지 깨달을 수 있었습니다.

양영선 & 인경수
그분을 향한 설렘을 아시나요?

이후 저희 가족은 각자 나름대로 새벽예배 출석을 시도해 봤지만, 안타깝게도 쭉 이어가지는 못했습니다. 그 대신 매일같이 집에서 새벽예배를 영상으로 보면서, 꼬박꼬박 기록하고 묵상하는 생활을 하게 됐습니다. 그리고 나서는 공식 예배마다 앞자리로 안내받으면서, 보는 예배가 아니라 드리는 예배의 본모습을 두 눈으로 확인할 수 있었습니다.

목사님의 설교는 두말할 것도 없이 성도들을 세심하게 배려하고 사랑하는 주님의 그 마음과 똑같았습니다. 목사님의 전심을 다하시는 모습을 보면서 저희 가족은 '우리가 어떻게 하면 목사님을 도울 수 있을까? 정말 따르고 싶다.'라는 생각만 하고 있었습니다. 더욱이 매번 저희를 향한 듯한 말씀에 거의 눈물과 콧물로 반응하게 되는 큰 은혜까지 받았습니다. 저희 모두 진실하신 목사님을 통하여 "하나님이 예배와 기도처에 먼저 오신다."는 말의 참의미를 깨닫게 되었으니, 이 또한 진정으로 축복받은 일이 아닐 수 없습니다.

4. 하나님을 새벽부터 만나면 세상을 품을 수 있습니다

그러던 중에 저희의 새벽을 일깨우는 일이 생겼습니다. 하나님께서 아름다운교회를 통해 "모든 것은 기도로 통한다."는 슬

로건으로, 특별 새벽예배9/30~10/4 기간을 정해 주신 것입니다. 드디어 저희에게도 또 한 번의 결단의 기회를 내려주신 것입니다.

기다리고 벼르던 새벽예배 D-day! 목사님은 전날 설교에서 성령님이 새벽에 깨우실 거라고 말씀하셨는데, 정말이지 그 말씀대로 알람보다 10분 전에 깨워주셔서 벅찬 감동으로 출발할 수 있었습니다. 그런데 아쉽게도 새벽예배 첫날 갑자기 알 수 없는 심한 현기증이 나서, 말씀조차 제대로 받아 적을 수 없는 시련 아닌 시련을 겪어야 했습니다. 그러나 다음날엔 또 거뜬히 이겨내게 하시고, "자식 있는 부모가 어찌 새벽예배를 안 나오느냐?"는 말씀으로 드디어 저희가 결단케 하시어, 새벽예배의 장애들을 모두 없애주셨습니다.

이제 된 그날은 저희의 영적인 탄생일이 됐습니다. 새벽에 교회로 출발할 때는 하나님을 사모함으로! 집으로 돌아올 때는 말씀 묵상으로! 하나님께서 매일같이 저희를 도우시고 이끄시고 채우시고 날마다 다르게 대응하시면서, 성장 및 훈련을 시키시는 것 같았습니다. 마치 저희에게 향한 크신 뜻을 이루기 위해 일하시는 것 같았습니다. 아침마다 받은 그 은혜로 하루를 보내게 되니 "내가 주를 사랑하나이다." "나를 간절히 사랑하는 자가 나의 사랑을 받을 것이라." 등의 말씀 모두가 이미 저희의 고백이 되어 있었습니다. 또한 말과 글로는 다 표현할 수 없을 만큼, 크게 주님을 사랑하는 마음과 전하고픈 마음을 주심에 더없이 감사하게 됐습니다.

5. 하나님은 셀을 사랑하고 축복하십니다

얼마 전 다녀온 2교구 17셀 식구들과의 강원도 단풍 여행은, 절대로 잊지 못할 추억이 됐습니다. 집사님의 헌신적인 사랑과 수고 덕분에 주님이 지으신 자연도 맘껏 감상하고, 좋은 추억들도 한아름 담아올 수 있었습니다.

이제 저희의 삶은 세상 어디에서도 느낄 수 없는 주님 안에서 진정한 행복감을 맛보며, 하루하루를 주님이 동행하고 계심을 체험하는 삶이 되었습니다. 하나님께서 사랑하고 축복하는 셀이야말로, 형제의 사랑을 체험하고 배워서 그것을 실천할 수 있는 참으로 바람직하고 좋은 모임입니다. 셀 식구들에게 언제나 주님의 사랑과 축복이 함께하기를 기도합니다.

6. 아름다운교회에서 일류 인생을 사는 비법을 전해 드립니다

아름다운교회를 만나면서 저희는 이렇게 다름을 깨달았습니다.

첫째, 아름다운교회에서 신앙생활을 잘하게 되면, 삶의 모든 문제들을 해결 받을 것 같은 확신이 생기는 것입니다. 목사님의 설교를 듣다 보면 예화로 잘 깨달아지기도 하지만, 여러 사례를 들어 설명하시기 때문에 그 실천이 보다 쉬워지는 것입니다. 그분을 따르는 삶을 산다면, 우리 삶의 모든 문제에 대한 원리와 답을 스스로 구하고 찾게 됩니다. 바로 그분이 신실한 목사님을 통하여 말씀으로 생활로 가르쳐 주시기 때문입니다.

둘째, 몸소 실천하는 겸손한 지도자를 직접 앞에서 보게 됩니다. 말은 쉽지만 행동은 늘 어렵습니다. 예수님의 사랑을 실천하는 이 시대의 귀한 목사님과 부교역자님 성도님들을 대하게 되면 선배와 멘토 교사가 있는 셈이니, 그야말로 배우기에 적합하고 제대로 성장할 수 있습니다. 아름다운교회는 예배와 찬양 기도, 셀 모임과 전도, 봉사 등등 신앙생활에서부터 인생의 성공적인 삶까지 종합적으로 배우는 학교 같다는 생각이 자연스럽게 들게 합니다. 이미 다니고 있는 성도님들은 얼마나 특별한 축복을 먼저 받은 삶인지, 누구라도 부러워하게 됩니다.

셋째, 겉으로 보이기 위한 형식보다 진실하게 드리기 위한 내실 있는 예배와 삶이 어떤 것인지를 깨닫게 해줍니다. 요란하지 않으면서도 온몸으로 드리는 진지한 예배, 그리고 숨은 헌신과 기도에 힘입어 그분의 진정한 선한 영향력을 배우고 기르고 펼쳐나갈 수 있게 됩니다.

이러한 저희의 느낌과 경험을 독자 여러 분 모두와 서로 나누고 공유하여, 지금 이 순간에도 삶이 힘든 이들에게 가슴에서 가슴으로 전파되기를 소원합니다.

7. 하나님은 지금 당신을 찾고 계십니다

도저히 자신의 힘만으로는 지금의 상황들을 헤쳐 나가기 힘들고 어려우십니까?

정신적 여유도 경제적 여유도 시간적 여유도 없으십니까?

그렇지만 꼭 이루거나 지켜야 할 무언가가 있으십니까?

외로움과 공허함으로 밤새 잠 못 이루고 계십니까?

그러시다면 저희가 추천하는 그분을 만나보십시오. 그분은 언제 어디서든 우리의 문제들을 기꺼이 돕고 해결해 주시려고 늘 기다리고 계십니다. 귀하가 어떠한 상황에 처해 있더라도 전혀 상관없습니다. 그분의 힘만으로 귀하가 원하는 행복하고 아름다운 인생을 살 수 있습니다. 그분의 따뜻한 손길만으로 귀하의 곪아 있던 상처가 말끔히 회복될 수 있습니다.

그분은 아름다운교회에 계십니다. 이제 만나러 오십시오.

story 09

김 원 겸
법률구조공단 합격

생활의 구원을
받다!

하나님께서 제게 하신 일을 그대로 전합니다!

이 글을 쓰기까지 망설임이 꽤 있었습니다. 우선 사법시험을 준비하던 제가 대한법률구조공단에 합격하자, 선뜻 제게 축하한다는 말을 못 건네는 세상의 시선 때문입니다. 또 합격 수기나 간증을 읽다 보면 '나는 내버려진 자식인가?' 싶은 상대적 박탈감이 드는 것을 저도 예전에 경험한 터라, 제 글이 또 다른 누군가에게 이와 비슷한 느낌을 주지 않을까 조심스러웠기 때문입니다.

그러나 하나님께서 하신 일을 있는 그대로 알리는 것이 마땅하고, 또 그런 기회를 주신 것에 보답하는 게 도리란 생각이 들어, 부족하지만 제 경험을 여러분과 공유하고자 합니다.

김원겸
생활의 구원을 받다!

1. 법 없이도 사는 사람보다도 더 나은 삶을 살라

35세라는 적지 않은 나이에 저는 2012년 사법시험 2차 시험에서 낙방했습니다. 정신도 없고 낙심한 상태였기 때문에 마음은 점점 급박해져 갔습니다. 무엇보다 누군가의 위로가 절실했습니다. 그러던 중 신기하게도 예배시간의 인치승 담임 목사님 설교 말씀에서, 2011년에 돌아가신 아버지의 향기가 느껴졌습니다. 사람들이 듣기 불편해하는 얘기라도 필요하다고 생각하시는 것은 꼭 표현하시고 마는 목사님의 모습이, 제 아버지와 많이 닮으셨기 때문입니다. 뒤늦게라도 아버지를 이해하고 싶다는 마음에서 목사님의 설교에 더욱 집중하게 됐습니다.

목사님은 사람들이 평소 미처 생각하지 못하는 부분을 알기 쉽게 풀어서 설명해 주시기로 유명합니다. 그중 가장 기억에 남았던 말씀은 "그리스도인은 법 없이도 사는 사람보다도 더 나은 삶, 즉 사람들을 사랑하고 은혜를 베풀면서 살아야 한다." 는 것이었습니다. 법학도인 제게는 뒤통수를 치는 신선한 충격이었습니다. 그와 동시에 그동안 너무 편협한 시각에 얽매여 그저 나 혼자 살기에만 급급했구나 하는 반성이 들었습니다.

2. 절망 끝에서 배운 금요예배

하나님의 사랑을 깨닫고 그 은혜에 감사하면서 교만한 마음을 내려놓았지만, 여전히 가슴 한쪽이 답답하기만 했습니다. 그도 그럴 것이 제가 신앙생활의 초보였기 때문입니다. "너는 내게 부르짖으라."는 말씀만 붙들고 매일 기도를 드렸지만, 이상하게도 늘 제자리걸음을 하는 기분이었습니다. 그러다가 2013년 4월 사법시험 1차 시험에서 또 고배를 마셨습니다.

절망감으로 머릿속이 하얘진 채, 합격자 발표 날에 금요예배를 드리러 갔습니다. 이번만큼은 저도 내심 기대하고 있었던 터라 마음을 추스르기가 쉽지 않았습니다. 그 때문인지 찬양을 하는데 도저히 목소리가 밖으로 나오지 않았습니다. 저는 예배드리는 2시간 내내 하염없이 눈물만 흘리고 있었습니다.

저를 제외한 아름다운교회의 다른 성도들은 열정적으로 소리 내 기도드리고, 일어서서 두 손 들고 찬양을 했습니다. 저와는 너무나 상반된 모습이 다소 충격이었지만 굳이 내색하지는 않았습니다. 이어진 설교시간에는 "하나님께서 기뻐 받으시는 기도와 찬양이란 무엇인가?" "성경이 말하는 예배란 무엇인가?" 등에 대해 배웠습니다. 그리고 그날부터 저는 금요예배에 계속 참석하기로 마음먹었습니다. 이유는 정확히 모르겠지만 왠지

김원겸
생활의 구원을 받다!

그래야 할 것만 같았습니다. 시간이 흐르면서 금요예배에 익숙해져서인지, 신기하게도 저 역시 어느새 찬양 중에 손이 올라가고 또박또박 제 입으로 소리를 내서 기도하고 있었습니다. 예전의 저로서는 상상할 수도 없는 일이었습니다.

아마도 그 무렵이었던 것 같습니다. 하나님께서 제게 새벽예배와 성가대 활동, 셀 모임에 참여해야겠다는 결심을 굳게 해 주셨던 것이. 저는 사실 체력에도 그다지 자신이 없었고 빼어난 목소리도 갖고 있지 않았습니다. 그 대신 나름대로 열심히 기도를 드리면서 스스로 결심한 것들을 하나하나 실천에 옮기고 있었습니다.

3. 공단시험, 처음부터 끝까지 하나님의 은혜

법률구조공단 시험은 우연찮은 기회에 준비하게 됐습니다. 높지 않은 1차 시험 점수 때문에 불안해하던 3월 말, 스터디를 같이했던 친구를 만났습니다. 이 친구가 법률구조공단 시험에 응시한다는 얘기를 듣고는, 때마침 원서접수 기간이라 저도 함께 접수를 시킨 것입니다. 당시 저는 2차 학원 강의 3순환을 듣고 있었습니다. 대략 시험과목을 체크해 보니, 운 좋게도 법률구조공단의 시험과목과 겹치는 것이 많았습니다. 마치 하나님께서 제게 시험 볼 수 있는 또 다른 기회를 내려주신 것 같았습니다. 그러나 저는 솔직히 말하면 객관식에 강한 편이 아니었습니다. 게다가 법률구조공단에서는 인원도 적게 뽑았습니다. 결국 저는 시험 준비도 제대로 못한 채로 시험을 볼 수밖에 없었습니다. 이런 이유들 때문에 합격을 기대하는 것부터가 제 욕심인 것 같았습니다.

아니나 다를까, 합격자 발표 날 오후까지도 공단에서는 아무런 연락이 없었습니다. 떨어졌다는 생각에 마음을 비우고 방 정리를 하던 중, 뜻밖에도 교회 헬퍼 님으로부터 공단시험 합격자 명단에 제 이름이 들어 있다는 내용의 문자를 받았습니다. 문자를 확인하고 기쁨의 환호성을 지르기도 전, 곧바로 공단에서 필기시험에 합격했다는 전화가 걸려왔습니다. 그저 얼떨떨하기만 했습니다. 그렇지만 아직까지는 마음 놓고 좋아할 상황이 아니었습니다. 필기는 붙었지만, 최종적으로 면접이 남아 있었기 때문입니다. 더욱이 입사 면접은 처음 보는 것이라서, 뭘 어떻게 준비해야 할지 막막하기만 했습니다. 딱히 물어볼 사람도 제 주위에는 없었습니다.

저는 우선 아름다운교회에 중보기도를 부탁했습니다. 그러고는 일주일 내내 방에 틀어박혀 면접 예상문제를 정리해 보았습

김원겸
생활의 구원을 받다!

니다. 그러나 제 실력으로는 예상문제를 종잡을 수가 없어 괜히 부담감만 늘어났습니다. 그때 같은 셀 언니의 권유에 따라 교회에서 면접시험을 보는 또 다른 분을 알게 돼, 시험 이틀 전에야 급히 스터디를 꾸렸습니다. 그리고 면접 당일 대기실에서 쿵쾅쿵쾅 뛰는 가슴을 가까스로 가라앉히며, 손가락 깍지 자국이 나도록 절절하게 기도를 올렸습니다. 그러고 나자 신기하리만큼 떨렸던 마음이 한순간에 진정됐습니다.

제 절절한 기도에 대한 은혜로우신 하나님의 응답이었을까요? 저는 그렇다고 굳게 믿고 있습니다. 마침내 제가 법률관리공단에 최종 합격을 한 것입니다. 최종 합격 후, 이번에는 발령을 놓고 또다시 기도를 해야 했습니다. 신앙생활에 변화가 생기지 않았으면 하는 바람에 처음에는 서울로 발령이 나게 해달라고 기도했지만, 그건 너무 제 욕심만 앞세우는 것 같아 이내 회개했습니다. 대신 하나님께서 보내주시는 곳 어디에서든 감사히 일하겠다고 기도했습니다. 그러자 또 한 번의 기적 같은 일이 벌어졌습니다. 정말로 서울로 발령이 난 것입니다. 당초 서울에는 자리가 없다며, 회사에서 제가 원하는 지방을 묻는 전화까지 받았던 터라 더욱 큰 감동이 밀려왔습니다.

문득 성경 구절이 떠올랐습니다.

나도 힘들고 아프고 고통스러웠다

내가 네게 명령한 것이 아니냐.

강하고 담대하라. 두려워하지 말며 놀라지 말라.

네가 어디로 가든지

네 하나님 여호와가 너와 함께 하느니라 하시니라.

〈여호수아 2:9〉

처음부터 끝까지 인도해 주셨던 하나님은, 입사 후에도 저를 사랑의 손길로 보살펴 주셨습니다. 같은 하나님을 믿는 동기를 비롯하여 과장님, 주무님, 선배님들을 두루두루 만나게 해주셨기 때문입니다. 또한 근무하는 부서가 회식 때 술을 즐기는 분위기도 아니어서 저로서는 천만다행이었습니다. 이 크고 깊으신 하나님의 은혜를 제가 어찌 다 갚을 수 있을는지요.

4. 혹시 망설이십니까? 하나님께 나오면 생활이 구원받습니다.

사실 돌이켜보면 2010년부터 이어진 사법시험 공부기간 동안 나름대로는 치열하게 살았습니다. 아침 7시에 독서실 문이 열릴 때 나와서 밤 12시 30분에 독서실 문 닫는 시간이 지날 때까지, 저는 그야말로 정신력 하나로 악착같이 버텼습니다. 주일도 공휴일도 예외가 없었습니다. 그 와중에 학원과 스터디에서 종종 잘한다는 칭찬을 받기도 했습니다.

그러나 사람의 어리석음은 정말이지 끝이 없나 봅니다. 스스로 열심히 한다고 잘난 척하면서 그 짧은 사이에 교만에 빠져 버린 것입니다. 2차 시험을 3달 앞두고 저를 중보기도 해주셨던 권사님 한 분이, 제게 새벽기도에 나갈 것을 권유했지만, 저는 그마저 시간이 없다며 거부했습니다. 이 또한 눈앞의 현실에만 급급하여 정작 중요한 것은 놓치고 마는, 어리석은 사람의 전형적인 모습이었습니다. 그리고 그 결과는 당연히 불합격으로 돌아왔습니다. 저로서는 누구 못지않게 열심히 했다고 믿은 만큼, 불합격했을 때의 충격도 그와 비례하여 클 수밖에 없었습니다.

결국 시험에 떨어질 때마다 염치도 없이 저는 다시 하나님을 찾게 됐습니다. 쓰라린 실패를 하고 나서야 비로소 하나님의 사랑을 깨닫고, 항상 동행해 주시는 하나님의 손길을 느꼈습니다. 그러므로 제가 법률구조공단에 합격한 것은, 오로지 하나님의 은혜라고밖에 설명할 길이 없습니다. 저는 처음부터 사법시험만 목표로 공부했었고, 공단시험을 따로 준비했던 시간은 턱없이 부족했기 때문입니다.

이 모든 과정에서 언제나 성경대로 힘 있는 말씀 전해 주신 인치승 담임 목사님, 그리고 저와 함께 울고 웃으며 중보기도를 해주신 아름다운교회의 성도님들이 제게는 무척 큰 힘이 됐습니다. 여러분 모두가 하나님의 선물입니다.

혹시 지금 교회에 나와 하나님 뵙기를 망설이는 분이 계신가요?

이유야 어찌됐든 한 번 더 용기를 내어 하나님 품에 안기십시오.

하나님 앞으로 나올 용기만 있다면 영혼의 구원은 물론, 지금 처해진 여러분의 생활에서도 구원받을 수 있다는 것을 제 경험으로 감히 말씀드립니다.

그가 너를 보호하리라.

그를 사랑하라. 그가 너를 지키리라.

〈잠언 4:6〉

김원겸
생활의 구원을 받다!

김 유 진

나의 계획보다 더 크게
이루어 주시는
하나님의 인도하심

저는 정유사인 현대오일뱅크 2007년 상반기 대졸 신입사원 모집에 합격해 직장생활을 하고 있는 김유진이라고 합니다. 비록 다듬어지지 않은 볼품없는 글이지만 취업과 시험 등, 미래를 준비하고 계시는 청년들에게 조금이라도 도움이 되길 바라는 마음으로 제 얘기를 시작하겠습니다.

나는 포도나무요 너희는 가지로다.

가지가 나무에 붙어 있지 않으면 절로 과실을 맺을 수 없음같이

너희도 그러하리라.

너희가 내 안에 있으면 많은 열매를 맺느니라.

〈요한복음 15:4〉

김유진

나의 계획보다 더 크게 이루어 주시는 하나님의 인도하심

1. 아름다운교회와의 인연

저는 외무고시 준비를 목적으로 2005년 8월 신림동에 들어왔습니다. 원래부터 신앙생활을 했었기 때문에 교회를 정하기 위해, 신림동에 위치한 여러 교회의 예배에 참석해 보곤 했습니다. 그때는 고시공부 이외에도 신앙적인 문제로 큰 고민을 하고 있던 때였습니다. 누군가 제게 충고를 해줄 사람이 절실히 필요했습니다.

그러던 중 어떤 분이 신성초등학교 앞에서 나눠주신 교회 신문에서 "남자 성도가 많습니다."라는 문구가 눈에 확 들어왔습니다. 정말인지 확인해 보고 싶은 마음에 저는 그 길로 발걸음을 돌려 아름다운교회의 수요예배에 참석하게 됐습니다.

처음 참석한 예배에서 목사님의 설교 말씀에 무척 큰 감동을 받았습니다. 그리고 다음날 무작정 교회 사무실로 찾아가 목사님께 면담을 요청했습니다. 지금 돌이켜보면 그때의 그런 용기가 어디서 나왔는지 모르겠습니다. 그만큼 절실하게 마음을 편히 뉘일 안식처가 필요했던 것은 아닐까 싶습니다. 그 교회의 출석 교인도 아닐 뿐 아니라 심지어 누군지도 모르는 청년에게, 목사님은 거의 1시간 넘게 좋은 말씀을 해주셨습니다. 그 일을 계기로 저는 아름다운교회에 출석하게 됐습니다.

당시만 해도 결코 적지 않은 나이77년생에 고시를 시작한다는 현실적인 중압감과 실패로 끝날지도 모른다는 두려움이 매우 컸습니다. 게다가 이런 상태가 언제 끝날지도 모르는 기약 없는 상황이라는 것이 저를 더욱 힘들게 했습니다. 그렇지만 저는 늘 하나님이 예정하신 때에 예비해 두신 곳으로 부르시면, 순종하는 마음으로 갈 수 있게 해달라고 기도했습니다.

2. 선택, 진로를 바꾸다

그리고 교회 봉사와 공부를 병행했습니다. 공부하면서 금요일은 주보접기 봉사를, 주일에는 1부 성가대로 활동했습니다. 가끔씩은 고시공부를 하는 도중에도 '과연 내가 공부를 하는 것이 정말로 하나님의 뜻인지? 아니면 내 욕심을 하나님의 뜻으로 그럴듯하게 포장한 것은 아닌지?' 하는 의문들이 생기곤 했습니다. 그래서 언제나 하나님이 원하시는 길이 아니거든 제 환경을 바꾸시든지 제 마음을 바꾸어 주셔서, 온전히 하나님의 인도를 받게 해달라고 기도했습니다. 결국 시험을 치르는 기간에 하나님께서 '그동안 원하던 공부를 해봤으니 이제는 이 시험에 대한 미련을 내려놓겠다.'는 마음을 제게 주셨습니다. 마음을 확실하게 정하고 나니 오히려 홀가분해졌습니다.

김유진
나의 계획보다 더 크게 이루어 주시는 하나님의 인도하심

저는 더 이상 시간을 끌지 않고 취업으로 방향을 전환했습니다. 그러나 취업시장에서도 이미 저는 상당히 나이가 많은 축에 속해 있었습니다. 더구나 취업에 도움이 될 만한 자격증이나 기업체 인턴 경험도 전무했기 때문에 막막하기만 했습니다. 이럴 때는 자존심이고 뭐고 현실을 직시할 필요가 있었습니다. 그래서 사기업 취직은 불가능할 것으로 보고, 대신 하반기 공기업 시험을 준비하기로 했습니다. 시험 준비하는 틈틈이 우선 상반기에 뽑는 몇몇 사기업에 이력서를 응시해 봤습니다. 이력서 쓰기 연습이라도 할 요량이었습니다. 비록 큰 기대는 하지 않았지만 막상 서류전형에서 떨어지고 나니, 좌절감은 배가 됐습니다.

3. 기도와 노력으로 기다리라

6월 말에 지금 다니고 있는 회사의 신입사원 모집공고가 났습니다. 하지만 저는 응시하지 않기로 마음먹었습니다. 연거푸 서류전형에서 탈락한 터라, 괜히 응시해 봐야 좌절감만 더 커질 것 같아서였습니다. 게다가 하반기 공기업 시험공부에도 방해가 될 수 있다고 판단했습니다.

마음도 다스릴 겸 주일 저녁예배에 참석했습니다. 이력서 제

출 마감 하루 전날이었습니다. 그날 저녁예배에서 "하나님은 우리 한 사람 한 사람에게 재능과 능력을 주셨고, 이를 믿고 끊임없는 기도와 노력으로 기다리면 그에 맞는 최상의 곳으로 반드시 인도해 주신다."는 목사님의 말씀에 큰 은혜를 받았습니다. 그러나 그것도 잠시뿐, 막상 예배당을 나와 힘겨운 현실로 내던져지자 또다시 걱정이 앞섰습니다. 결국 그날 밤 여자 친구와 얘기 도중에 답답한 제 심정을 털어놓다가 덜컥 눈물까지 보이고 말았습니다. 묵묵히 듣고 있던 여자 친구는 여기서 포기하지 말고, 마감 전에 꼭 응시해 보라고 제게 강력하게 권했습니다. 결정을 내리지 못해 밤새 뒤척이다가, 마침내 다음날 원서 마감 20분 전에 이력서를 제출했습니다. 단 너무 기대하지는 말자는 전제조건을 달고서였습니다.

그런데 놀랍게도 서류전형을 통과했습니다. 연이어 2차집단토론·영어발표, 3차인성면접, 4차사장면접까지 모두 합격했습니다. 저 스스로도 믿기지 않는 일이었습니다.

고통스러웠던 시간들이 주마등처럼 스쳐 지나갔습니다. 그동안의 기도와 노력이 결코 헛되지 않았음을 깨닫는 순간이었습니다. 나중에 확인해 보니 합격한 신입사원 중 제가 가장 나이가 많았습니다. 덧붙여서 작년까지는 신입사원 전형에 나이 제

김유진
나의 계획보다 더 크게 이루어 주시는 하나님의 인도하심

한이 있었는데 올해부터 없어졌다는 얘기도 들었습니다. 정말 절묘한 하나님의 예비하심이었습니다.

4. 도전은 계속된다

취직에 성공했지만 저의 도전은 계속됐습니다. 입사를 하자 회사는 제게 영업 관리직을 제의했습니다. 직무 특성상 많은 사람들을 만나야 하고 술도 많이 마셔야 하는 부서입니다. 저는 또다시 '과연 이 일이 하나님께서 나를 위해 준비해 두신 일일까?' 하는 질문을 스스로에게 수도 없이 던졌습니다. 회사에서 술을 마시지 않는 영업사원을 좋아할 리 만무했습니다. 제 입장에서도 그동안 공부해 온 어학을 전혀 사용할 필요가 없는 부서였습니다. 하나님의 뜻을 정확히 알 수는 없었지만, 적어도 하나님이 인도하신 일자리라면 일자리를 주신 하나님의 뜻대로 회사생활을 하는 것이 마땅하다고 생각했습니다. 그래서 비록 제가 바라던 직무는 아니더라도 감사히 받아들이기로 했습니다. 그와 동시에 술은 마시지 않겠다고 결심했습니다. 저에게는 또 하나의 새로운 도전이었습니다.

신입사원 연수기간 중 인사담당자에게 면담을 신청했습니다. 면담 자리에서 제 소신을 솔직히 말씀드렸습니다. 그런데 이 또한 우연이었을까요? 놀랍게도 인사담당자도 술을 마시지 않을뿐더러, 자신의 월급을 모아 해외선교에 지원하는 교회 집사님이었습니다. 그분은 직장생활에서 당장에 손해를 보더라도 신앙은 꼭 지켜야 한다고 용기를 북돋아 주셨습니다. 하나님의 자녀답게 어깨 펴고 당당히 살라 하신 말씀도 제게는 무척 힘이 됐습니다. 욕먹을 각오를 하고 들어간 자리에서 오히려 눈물이 핑 돌 정도로 위로를 받고 나온 셈입니다.

저는 배치 받은 부서의 환영회식에서도 제 소신을 정중하게 말씀드렸습니다. 이후로는 술을 마시지 않는 대신 그만큼 탁월한 실력과 성실함을 보여줘야 했습니다. 그때부터 하나님께 업무를 빨리, 정확하게 배울 수 있는 지혜와 부지런함을 달라고 기도했습니다. 하나님 뜻대로 소신껏 신앙을 지키겠으니 하나님께서도 제게 부족한 지혜를 주셔야 한다고 매달리며, 일종의 거래조건(?)을 만들기도 했습니다. 그리고 매일 아침 일찍 제일 먼저 사무실에 도착해 지혜를 간구하며 기도했습니다.

어느 날 한 가지 더 믿을 수 없는 일이 생겼습니다. 입사 28일 만에 서울 본사에서 저를 부른 것입니다. 갑작스럽게 본사 직원이 사직하는 바람에 한 명의 결원이 발생한 것이 그 이유였습니다. 어이없게도 부서 배치 28일 만에 저에 대한 송별회가 열렸습니다. 짧은 기간이었지만 부서 상사들은 저의 성실함을 칭찬해 줬습니다. 심지어 기독교를 믿지 않는 상사들조차 제게 신앙적 소신을 지키며 늘 성실하게 일하라고 조언해 줬습니다.

현재 저는 새롭게 주어진 자리에서 열심히 일하고 있습니다. 영업 분석과 기획을 담당하고 있는데, 제가 바라던 대로 외국어를 구사하고 공부해야 되는 보직입니다.

5. 하나님 안에서의 참 기쁨

제가 이 글에서 말씀드리고 싶은 메시지는 비록 우리가 인생의 계획을 세울지라도, 그 계획을 실제로 실행시키는 분은 우리가 아닌 하나님이라는 사실입니다. 우리가 생각하는 계획이 곧 최상의 계획은 아닙니다. 하나님께서는 우리가 생각하는 것 그 이상의 것을 다 아시고, 필요한 일을 이미 시작하신 분입니다. 단지 우리가 할 일은 그분이 편히 일하시도록 여건을 만들어 드리는 것뿐입니다. 다시 말해서 우리가 최상이라고 생각하는 계획에 대한 집착을 내려놓고, 계획을 만들어 가는 '소유권'을 그분께 온전히 드리는 것입니다.

하나님께서는 어떤 방법으로든지 우리의 신앙과 믿음을 반드시 테스트하십니다. 하지만 하나님의 시험은 우리가 통과하기 불가능할 정도로 힘들지는 않습니다. 시험을 당하는 이 혼자서만 치르는 시험도 아닙니다. 그 시험은 출제자하나님와 응시자나가 함께 치르는 시험입니다.

이 글을 읽고 계시는 분들 중 대부분이 온갖 삶의 불안과 알 수 없는 미래에 대한 걱정, 경제적인 문제 등등으로 고민하고 계실 것입니다. 하지만 그런 걱정과 불안은 어떤 전문가의 상담도, 성공한 자의 수기도, 앞서 비슷한 길을 간 선배들의 조언도 없애주지 못합니다.

나의 계획보다 더 크게 이루어 주시는 하나님을 만나십시오.

아름다운교회에 나오십시오.

여러분의 걱정과 고통의 소리를 듣고 위로하시고 함께 울어 주시려고, 하나님이 여러분을 기다리고 계십니다.

고민을 적어내면 여러분의 이름을 불러가며 매일 1시간씩 기도해 주시는 수많은 중보기도 팀 성도님들이 있습니다.

그리하여 하나님 안에서 참 기쁨을 누리십시오.

김유진
나의 계획보다 더 크게 이루어 주시는 하나님의 인도하심

채 수 달

내 남은 생은
하나님의 것입니다

1. 방황의 시작

19세 어린 나이에 집을 뛰쳐나와 동대문에서 7년여 동안을, 소위 건달이라고 불리던 사람들과 어울렸습니다. 패싸움과 금품 갈취 등 온갖 나쁜 짓이란 나쁜 짓은 다 하고 다녔습니다. 제가 손가락이 불편해진 것도 이때였습니다. 미래에 대한 아무런 계획 없이 현실을 방탕하게만 살아가고 있는 저 자신이 한심스럽고, 삶이 너무나 고달팠습니다.

그런 날들이 계속되자 결국 견디다 못해 자살을 결심하고, 건물 옥상으로 올라갔습니다. 옥상에서 아래를 내려다보니 그 까마득한 높이에, 차마 뛰어내릴 용기가 나지 않았습니다. 죽고 싶은 마음은 굴뚝같았지만 저도 모르게 겁이 났습니다.

할 수 없이 저는 차선책을 택하기로 했습니다. 만취한 상태에서 차도에 누워 사고사를 당하기로 결심한 것입니다. 그 결과 머리가 깨지는 사고를 당하고 사경을 헤매는 처지가 됐습니다.

그런데도 불구하고 저는 다시 기적적으로 살아났습니다. 당시만 해도 제가 하나님의 은혜로 다시 살았다는 생각은 하지 못했습니다. 제가 다른 사람들에 비해 죽을 고비를 훨씬 여러 번 넘긴 사람이었는데도 말입니다. 물에 빠진 동생을 구하려다 강물에 휩쓸려 죽다 살아났을 때도, 스케이트를 타다가 물에 빠져 죽을 뻔했을 때도, 하나님이란 존재는 제 안에 없었습니다.

그뿐만이 아닙니다. 이후에도 저는 누나의 자살로 인한 괴로움 때문에 다시 약을 구입해, 여관에서 자살을 시도하기도 했습니다. 그러나 이번에는 어떻게 알았는지 둘째형이 여관으로 달려와서, 이 질긴 생명을 연장해 주었습니다. 저는 어릴 때부터 이렇게 여러 번 죽을 고비를 넘겨왔는데도, 그것이 모두 하나님의 은혜로움 덕분이라는 것을 미처 깨닫지 못하고 있었던 것입니다.

2. 하나님의 음성을 듣다

아직도 정신을 못 차리고 1년 365일 매일 술을 먹다시피 하고, 동네가 떠나갈 듯이 고성방가를 일삼던 어느 날이었습니다. 그날도 술에 만취한 상태로 집에 들어와 잠을 청했습니다. 그러나 웬일인지 새벽녘이 돼서도 잠이 오질 않았습니다. 술도 어느 정도 깬 상태여서 이불 속에서 뒤척이고 있는데, 문득 임영재 님의 『응답받은 기도』란 책이 제 눈에 들어왔습니다. 저는 곧바로 책을 꺼내들고 읽기 시작했습니다. 신기하게도 책에 있는 내용이 누군가의 음성으로 들려오는 것 같았습니다. 읽고 듣는 내내 쏟아지는 눈물을 주체할 수가 없었습니다.

아, 정말 그때의 기분을 어떻게 설명하면 좋을까요? 가슴 저 밑바닥에서부터 뜨거운 무언가가 울컥울컥하고 차오르면서 그와 동시에 눈물이 흘러내리기 시작하는데, 감동도 그런 감동이 또 없었습니다. 아마도 성령 응답을 받은 분들이 계시다면, 제가 어떤 말을 하고 있는지 아실 겁니다. 제 안의 나쁜 기운들이 송두리째 뽑혀나가는 것 같았고, 저도 모르는 사이 제 입에서 "하나님! 제가 하나님께 죄를 지었습니다. 제가 죄인입니다. 제가 삶을 포기하려 할 때마다 이 보잘것없는 죄인을 하나님께서 구해 주신 것도 모르고, 방탕한 생활만 일삼았습니다."라는 고백이 흘러나왔습니다.

이런 회개의 고백과 제 안에 성령이 충만함을 느끼며, 저는 바로 그 주일부터 교회를 다니면서 믿음을 키워나가기 시작했

채수달
내 남은 생은 하나님의 것입니다

습니다. 그 후부터 언제 어디서든 하나님, 예수님이란 단어만 들어도 괜히 기분이 좋아졌습니다. 사람들과 만나게 될 때마다 "우리 하나님이 최고시죠!"라고 외치면서 전도 생활에도 열과 성을 다했습니다.

3. 하나님, 저를 시험에 들게 하십니까?

열심히 전도하며 믿음 생활을 하니 사업도 잘되고 도와주시는 분들도 많아졌습니다. 하나님께 감사의 의미로 건축 헌금을 하려고 마음먹고, 여러 성도들에게 제 뜻을 알렸습니다. 저는 기회를 엿보다가 실행으로 옮길 생각이었는데, 자꾸만 주위에서 그새를 못 참고 건축 헌금에 대한 부담을 주는 것 같았습니다. 순간 울화가 치밀고 반발심이 일어났습니다. 못된 심성을 다 버린 게 아니었는지, 저는 결국 헌금 대신 그 돈으로 좋은 차를 사고 증권 투자를 해버렸습니다.

그러나 제 뜻대로 행동한 대가는 참혹했습니다. 증권 투자를 한 날부터 주가가 뚝뚝 떨어지더니 거의 원금이 바닥나는 지경에 이르렀습니다. 화도 나고 자존심도 무척 상했습니다. 어디선가 "거 봐라. 한다던 헌금은 안 하고 다른 짓만 하더니, 쯧쯧." 하는 사람들의 비웃음 섞인 말이 들리는 듯했습니다.

나도 힘들고 아프고 고통스러웠다

저는 또다시 나약한 마음이 들어 자살을 결심하고, 마지막으로 좋아하는 낚시를 가기 위해 가방을 챙겼습니다. 바로 그때 가방 안에서 곰팡이가 피어 있는 성경책을 발견했습니다. 성경책을 꺼내들고 곰팡이를 털어내다 보니, 예전에 열성적으로 하나님의 말씀을 실천하던 기억들이 하나둘씩 떠올랐습니다. 그제야 하나님이 저를 시험에 들게 하셨음을 깨달을 수 있었습니다. 그 길로 저는 진심으로 회개하고 다시 교회를 다니기 시작했습니다.

4. 아름다운교회와의 만남

그러던 어느 날 아들과 함께 낚시를 하려고 배를 타러 가던 중이었습니다. 갑자기 발이 삐끗하여 미끄러지면서 제 갈비뼈 4대가 부러지는 사고가 났습니다. 그때 바로 병원에 갔어야 했는데 저는 그렇게 할 수가 없었습니다. 모처럼 가게 된 아들과의 낚시 여행이었기에, 통증보다도 아들이 실망할까봐 그게 더 걱정됐기 때문입니다. 저는 끝까지 죽을 것 같이 아픈 것을 참고 아들과 낚시를 계속했습니다. 이후 병원에 가니, 조금만 더 늦었어도 부러진 갈비뼈가 장기를 손상시켜 사망했을 수도 있다는 충격적인 진단이 나왔습니다.

이 사고 후 3일간 금식을 하다가 새벽에 산책을 나갔습니다. 우연히 잘 지나다니지 않던 길로 들어섰는데, 그 길에 아름다운교회가 있었습니다. 대체 무엇이 저를 이곳으로 이끈 것일까요? 제 발걸음은 너무나 자연스럽게 아름다운교회 안으로 옮겨지고 있었습니다. 새벽 예배시간인 듯싶었습니다. 슬그머니 저도 새벽예배에 동참했습니다. 그때 듣게 된 목사님의 설교에서 저는 무척이나 큰 감동을 받았습니다. 성도들의 열성적인 기도와 찬송 역시 저의 마음을 움직였습니다. 그렇지만 혹시나 하는 마음에 교회를 다니면서 한 달여의 탐색(?) 시간을 가졌고, 그 결과 아름다운교회에서 나의 믿음 생활을 마무리하리라고 마음먹었습니다.

5. 매일 1시간에서 2시간의 기도생활

저는 요즘 매일매일 1시간에서 2시간 정도 진심을 다하여 기도하고 있습니다. 제 기도 패턴은 다음과 같습니다. 우선 30분 동안 교회 목사님과 많은 성도님들 그리고 봉사하시는 분들을 위해 기도합니다. 그 후 30분 동안은 제 주위에서 중보기도가 필요하신 분들을 위해 기도합니다. 나머지 시간에는 이 나라의 안녕과 평화를 위해 기도를 드립니다. 또 가끔씩은 제가 사고로 인해 온몸이 성한 곳이 없는데다가 그 후유증으로 인해 통증이 너무 심해 "하나님, 너무 힘들어요, 저 좀 데려가 주세요."라고 저도 모르게 울면서 기도하기도 합니다. 그래서 꼭 끝에는 하나님께서 이 땅에 쓰임 받게 하시느라 저를 살려주신 것에 대해 매일 감사의 기도를 드립니다.

하루에 3~4시간밖에 못 자면서도 저는 하나님만 생각하면 어느새 입가에 미소가 번집니다. 더욱이 제가 드린 중보기도 덕분에 문제가 해결됐다고 찾아오시는 분들을 보게 될 때면, 죽을 것 같다가도 힘이 번쩍 납니다. 그분들이 웃을 수 있다면 전 그것만으로도 하나님께 칭찬받을 수 있다는 생각에, 오늘도 힘차게 하루를 살아가고 있습니다.

6. 청년들이여, 나의 못다 이룬 꿈을 부디 이루어 주시게

저는 어릴 때부터 방탕한 생활을 하며 살아왔지만, 그중에서도 못 배운 것만큼은 늘 한이 되어 남아 있습니다. 그 때문에 주변에서 공부를 하고 싶어도 못하고 있는 청년들을 보게 될 때면, 저도 모르게 눈물이 핑 돕니다. 그런 청년들을 위해서라면 정말이지 무엇이든 해주고 싶고 어떻게든 도와주고 싶습니다. 특히 그들이 여러 가지 난관을 극복하고 꿈을 이루어 냈을 때는, 마치 제가 못다 이룬 꿈을 이룬 것처럼 "할렐루야! 하나님, 감사합니다!"를 소리 높여 외칩니다.

제가 살아온 것을 바탕으로 청년들에게 몇 가지 당부하고 싶은 말들이 있습니다. 먼저 "출세란 자신의 안위가 아닌, 좀 더 높은 곳에서 좀 더 영향력 있는 곳에서 하나님의 말씀을 실천하는 것임을 명심해 달라."는 것입니다. 또 지금까지 제가 많은 청년들을 봐온 경험에 따르면 "남과 똑같이 공부하면 절대 안 되고 스스로 공부를 더 계속했다가는 곧 죽을 것 같은 느낌이 들 때, 적어도 그때까지는 공부해야 시험에 합격할 수 있다."는 것도 말해 주고 싶습니다. 부디 청년 여러분들이 저 대신 열심히 공부하여, 저의 못다 이룬 꿈을 꼭 이뤄주시기 바랍니다.

만약 제가 하나님을 믿지 않았다면 저는 이 글을 쓰지 못했을 것입니다. 이미 오래 전에 자살하여, 지금은 이 세상에 없는 사람이 됐을 것입니다. 비록 한때는 여자, 낚시, 노름을 즐겼지만 이 모든 것보다 더 좋은 것이 하나님임을 깨달은 순간부터는 밥을 먹으면서도 감사하게 됐습니다. 오늘도 저는 힘든 고통 속에서 욥을 떠올리는 동시에, 하나님께서 복된 삶을 주시리라 믿고 감사드리며 삽니다. 저를 위한 삶이 아닌, 고통받고 힘들어하는 사람들을 도우며 살다가 하나님 앞으로 가고 싶습니다.

그리하여 하나님께서 저를 부르시는 날 그분 앞에 무릎 꿇고 "하나님, 저는 오직 하나님께 칭찬받기 위한 삶을 살았습니다." 라고 말씀드릴 수 있도록 최선을 다할 것입니다. 그날 하나님 께서 사랑으로 안아주신다면 아마 저는 주체할 수 없는 눈물을 흘릴 것입니다.

하나님, 언제나 감사드리고 언제나 사랑합니다.

채수달
내 남은 생은 하나님의 것입니다

story 12

김 영 기

딸과 함께하는
행복한
신앙생활

처음 간증 요청을 받았을 때 무슨 얘기를 해야 하나 고민부터 했습니다. 저는 유복한 가정에서 태어나 비교적 순탄한 인생을 살아온 덕분에 특별한 얘깃거리가 없는 편입니다. 하지만 곰곰이 생각해 보니 제게는, 하나님과 만나고 또 이별(?)한 후 다른 종교에 심취했다가 다시 하나님을 만났던 사연이 있었습니다. 돌이켜 생각해 보면 어쩌면 하나님과 잠깐의 이별까지도, 제가 진정으로 하나님을 영접하기 위한 일련의 과정이 아니었던가 싶습니다. 그렇지만 예전의 저를 생각하면 좀 더 일찍 주님의 품에 안기지 못한 것이 제일 후회가 됩니다. 안타깝게도 아직까지 하나님을 믿지 않는 분들이 있다면, 저처럼 뒤늦은 후회 대신 하루라도 빨리 하나님의 은혜 속에서 살게 되기를 바라는 마음으로, 조심스럽게 간증을 시작합니다.

김영기
딸과 함께하는 행복한 신앙생활

1. 모태 신앙의 모순

모태 신앙인 사람들은 대개 자아가 형성되지 않은 상태에서 부모님을 따라 교회에 다니기 때문에, 그렇지 않은 사람들에 비해 보다 자연스럽게 신앙생활을 하게 되고 그 속에서 보고 배웁니다. 그러나 기독교적 분위기나 교회 생활에 익숙한 것과는 별개로, 정작 당사자인 본인은 하나님의 은혜를 제대로 알지 못하는 경우가 많습니다.

저 역시 부모님을 따라서 교회에 다녔지만, 처음에는 하나님의 은혜와 성령이 제 안에 충만함을 느끼지 못했습니다. 그저 교회 다니는 게 생활 속의 일부분으로 자리 잡고 있었고, 그 가운데서 가족 간의 사랑과 행복이 유지되는 것만으로 만족해야 했습니다. 너무 익숙한 나머지 그 소중함을 미처 인식하지 못했던 것입니다.

2. 불교로 종교 전환

부모님의 사업이 번창하던 중 아버지께서 그만 나쁜 이들의 꾐에 빠져 노름을 시작하셨습니다. 그러다가 사람들에게 사기를 당하면서 저희 집에도 큰 위기가 찾아왔습니다. 순식간에 정말로 많은 재산이 날아갔습니다. 그 후 위기를 극복하는 3년 동안, 저희 가족은 더 이상 교회를 다니지 않게 됐습니다. 경제적으로 열악해지니 자연히 정신적인 여유도 없어졌고, 한편으로는 집안 형편이 안 좋아진 것에 대한 원망 아닌 원망도 있었던 것 같습니다.

간신히 몇 년 후 경제적인 어려움을 극복하고 안정된 생활을 되찾게 되었지만, 그 사이 부모님의 종교는 불교로 바뀌어져 있었습니다. 아무래도 교회를 다닐 때 집안이 망한 것과 상관이 있었을 터였고, 교회 대신 어딘가 마음 붙일 곳이 필요했던 것이겠지요. 당시만 해도 부모님은 전국에서 유명한 절이란 절은 거의 다 다니실 정도로 불교에 심취해 계셨습니다.

저 또한 그런 부모님의 영향을 받아 자연스럽게 불교에 빠져들게 되었고, 그 후 한 발 더 나아가 열성적으로 불자 생활을 했습니다. 제가 30년을 몸담았던 직장인 포항 포스코POSCO의 비교적 큰 규모의 불자모임이던 '선우회'에서 총무를 맡을 정도였습니다.

3. 둘째 딸로 인해 아름다운교회로 들어서다

그렇게 오랜 시간 저는 불자로서 살아왔습니다. 그런데 어느 날 눈에 넣어도 아프지 않을 둘째 딸이, 공부를 하기 위해 신림동에서 하숙을 하면서부터 상황이 달라지기 시작했습니다. 딸아이가 부모 몰래 공부에 지친 마음을 치유하기 위해 아름다운교회에 다니고 있었던 것입니다. 이러한 사실도 시간이 한참 흐른 후에야 알게 돼서 더 충격적으로 다가왔습니다.

무엇보다도 부모를 속였다는 사실에 화가 많이 났습니다. 그래서 처음에는 딸아이가 교회를 못 다니게 하려고 타이르기도 하고 매를 들기도 했습니다. 그러나 세상에서 자식 이기는 부모 없다고, 결국은 딸아이의 고집을 꺾지 못하고 제가 지고 말았습니다. 교회를 못 다니게 하기는커녕 오히려 제가 둘째 딸의 전도를 받아, 그 열심을 내던 불자 생활을 접고 아름다운교회에 다니게 된 것입니다.

4. 나의 모든 것이 돼버린 하나님

현재 저는 직장을 옮겨 충남 당진의 현대제철에서 근무하고 있습니다. 회사가 당진인 관계로, 금요일에 서울로 올라왔다가 주일 저녁에 다시 내려가는 생활을 반복하고 있습니다. 이 때문에 교회 활동도 쉽지만은 않습니다. 금요일 퇴근 후에 바로 서울로 와서 금요예배에 참석하고, 토요일에는 청소 봉사를 합니다. 이어 주일 1부 예배에 참석한 후 셀 모임에 참가했다가,

저녁예배까지 드리고 나서야 다시 직장으로 내려갑니다.

이렇듯 빠듯한 일정이지만 언제나 제 마음속에 하나님이 계시기에, 지금까지 피곤한 줄도 모르고 교회에 다니고 있습니다. 아침에 눈 뜨자마자 가족과 형제들을 위해 기도하고, 새벽예배 녹화 영상을 시청하는 것으로 저의 일과가 시작될 정도입니다. 스스로도 믿지 못할 만큼 이제는 하나님께서 저의 모든 것이 돼주셨습니다.

5. 소망이 깊으면 이루어진다

사람은 자신이 믿는 것만큼 이룰 수 있으니, 여러분도 모쪼록 꿈과 비전을 갖고 살아가시기 바랍니다. 인생 선배로서 시험을 준비하거나 자신의 꿈을 이루기 위해 노력하는 청년들에게 당부 드리고 싶습니다. "소망이 깊으면 이루어진다."라는 말이 있듯이 소망하는 바를 자신에게 항상 일깨워 주다 보면, 꿈이 이루어지는 날이 가까워지는 것을 느낄 수 있을 것입니다.

이 소망을 일깨워 주는 가장 좋은 수단이 바로 '기도'입니다. 공부하기 위해 독서실에 가듯이, 소망하고 싶은 것이 있을 때 교회에 가서 기도하다 보면 누군가가 손을 내미는 느낌을 받게 될 것입니다. 그 손을 잡는 순간 하염없이 눈물이 쏟아질 것

김영기
딸과 함께하는 행복한 신앙생활

이고, 그렇게 누군가가 자신을 지켜준다는 믿음이 생기는 순간 꿈의 절반은 이미 이룬 것이나 마찬가지가 될 것입니다.

6. 교회에 다니는 자녀를 둔 부모님께

자녀들의 손을 잡고 교회에 나가보실 것을 권해 드립니다. 그리하면 자녀가 어떤 감정을 느끼며 살아가는지 공감할 수 있게 될 것입니다. 저 또한 둘째 딸 덕분에 다시 교회에 다니면서 자식의 마음을 더 잘 이해할 수 있었습니다. 부모 자식 사이가 더욱 가까워짐도 물론입니다. 교회에 같이 나가면 가족 간의 사랑은 커지고, 아울러 교회에서 새로운 많은 아들딸들도 곁에 둘 수 있습니다.

오늘부터라도 당장 자녀의 손을 꼭 잡고 함께 교회로 향해 보십시오. 하나님이 두 팔 벌려 여러분을 맞아주시며 환한 미소를 지으실 겁니다.

서 수 진

절망의 끝,
모두가 의심할 때
날 사랑해 주신 하나님

예전의 제가 그랬듯이 지금 이 순간에도 마음을 잡지 못하고 고민하고 방황하는 분들이 있다면, 저의 이 보잘것없는 수기가 그분들의 꺼져가는 희망을 되살릴 수 있는 작은 불씨가 되어주기를 소망합니다. 저와 같이 부족한 자에게도 사랑과 자비를 베푸시는 하나님이, 여러분과도 반드시 만나주실 것을 믿으며 이 글을 씁니다.

두려워 말라. 내가 너와 함께 함이니라.

놀라지 말라. 나는 네 하나님이 됨이니라.

내가 너를 굳세게 하리라. 참으로 너를 도와주리라.

참으로 나의 의로운 오른손으로 너를 붙들리라.

〈사도행전 41:10〉

서수진

절망의 끝, 모두가 의심할 때 날 사랑해 주신 하나님

1. 신앙생활의 시작과 방황

저는 저희 집에서 유일한 기독교인이었습니다. 친척들까지 포함한다면 저를 전도한 막내이모와 외숙모까지 기독교인은 총 3명뿐입니다. 이모의 전도로 중학교 3학년 겨울방학부터 교회를 다니기 시작했고, 고등학교 시절에는 교회 합주단 봉사를 하며 교회 생활을 했습니다. 사실 겉으로는 제가 교회 생활을 열심히 하는 것처럼 보였지만, 다른 사람은 몰라도 저 자신만큼은 잘 알고 있었습니다. 하나님을 진정으로 만나고자 하는 노력은 언제나 조금씩 부족했다는 것을 말입니다.

그때의 조금씩 부족했던 노력들 때문이었을까요? 저는 대학교 입학 후 세상 속에서 살아가며 점차 교회를 멀리하게 됐습니다. 그러던 제가 고시공부를 시작한 것은 2008년 대학 졸업 이후부터입니다. 이미 신앙생활은 메마른 지 오래였습니다. 일주일에 한 번 교회에 나가는 것조차 쉽지 않던 시기였습니다. 당시의 저는 그동안의 평탄한 삶을 마치 자신의 힘인 양 착각하고 있었습니다. 대체 어디에서 비롯된 자신감인지, 외무고시 역시 저의 힘으로 손쉽게 합격할 것이라 생각했습니다. 하지만 이런 자만은 곧바로 불합격이란 결과를 낳았습니다. 연달아 1차 시험에서 떨어지며, 공부도 신앙생활도 제대로 하지 못하는 세월이 계속됐습니다. 특히 2010년에는 하루 종일 공부를 하지 않는 날도 많을 정도로 생활이 무너져 내렸습니다.

2. 신앙의 회복

오랜 기간 방황이 계속되는 가운데 저는 2011년 1차 시험을 몇 주 앞두고, 이모의 조언에 따라 새벽예배에 나가기 시작했습니다. 당시로서는 지푸라기라도 붙잡는 심정이었습니다. 그렇지만 믿음이 단단하지 못했던 저였기에 예배에 참석해서도 진정한 회개는커녕, 합격시켜 달라는 이기적인 기도만 하고 있었습니다. 그 때문이었는지 그해 1차 시험 역시 불합격이었습니다. 그나마 한 가지 다행인 것은 이때부터 제가 저의 힘이 아닌 하나님의 힘에 의지하기 시작했다는 것입니다. 쓰라린 실패를 경험하면서 비로소 자신의 보잘것없는 능력도 인정하게 됐습니다. 비록 불합격이란 결과를 받았어도 하나님께 의지하자 마음의 짐이 줄어드는 신비한 경험을 하게 된, 제게는 무척 소중한 시간들이었습니다. 하나님께서 실패를 통해 제게 또 다른 은혜를 내려주셨던 것입니다.

저는 다시 한 번 주일예배에 성실히 나가고자 노력했습니다. 사실 주일예배 참석은 기독교인의 기본 의무일 터이지만, 방황하던 저로서는 이런 노력을 한다는 것 자체가 큰 진전이었습니다. 주일예배와 함께 기도하며 하나님의 힘에 의지했습니다. 2012년 1차 시험을 앞두고는 제가 할 수 있는 최선의 노력을 다했습니다. 더 이상 풀 문제가 없을 정도로 만반의 준비를 했습니다. 그리고 이후의 결과는 무조건 하나님께 맡겼습니다. 모든 것을 하나님께 맡기니 마음이 잔잔해지면서 강 같은 평화가 찾아왔습니다. 그 덕분인지 마침내 1차에서 커트라인보다 10점이나 높은 점수로 합격을 했고, 동시에 시험에 대한 막연한 불안감도 덜 수 있었습니다.

다시 약 3개월의 기간 동안 저는 다음 관문인 2차 시험을 준비했습니다. 그런데 시험 당일 생각지도 않은 경제학에서 40점 배점의 어려운 문제가 나왔습니다. 당황한 저는 거의 손도 대지 못한 채 시험장을 나오고야 말았습니다. 당연히 불합격이었습니다. 그 당시의 저는 부끄럽게도 제 노력이 부족했음을 인정하지 못하고, 오히려 하나님을 원망하고 하나님께 불만만을 토로했습니다. '차라리 처음부터 제가 외무고시를 시작하지 못하도록 막으셨으면 좋지 않았습니까?'라며 절망했습니다. 시험 직후에 나간 예배에서는 찬양조차 부르지 못할 정도로 하나님에게 '삐친' 상태였습니다. 그럼에도 이처럼 못난 저를 하나님께서는 따뜻한 손길로 위로해 주셨습니다. 목사님의 설교 말씀을 통해 계속 제게 희망을 주셨습니다. 죄송함과 감사함으로 스스로를 돌아보고 반성하면서, 저는 다시 한 번 하나님께 의지하기로 마음을 먹고 힘을 냈습니다.

이후 저는 40일 기도를 시작했습니다. 곰곰이 생각해 보니 그동안 하나님을 위해 제 생활 중 무엇 하나 희생한 적이 없는 것 같았습니다. 오로지 제가 편할 때만 하나님을 찾았던 것입니다. 그 사실을 깨닫는 순간 저는 시간을 정해 40일간 기도를 드리기로 결심했습니다. 이 40일 내내 하나님께 드린 것 없이 바라기만 해온 자신을 회개하며 눈물로 기도했습니다. 그러자 놀랍게도 절망이 희망으로 바뀌는 은혜로운 경험을 할 수 있었습니다. 진정한 회개만이 천국으로 가는 첫 계단임을 다시 한 번 절감할 수 있었습니다. 이에 힘입어 저는 40일 기도가 끝나고 나서 20일간 더 기도했습니다. 그 결과 본격적으로 다시 공부할 힘을 얻었습니다. 또 셀 모임도 시작했습니다. 신앙이 회복되면서 마음속에 가득했던 불안이 줄어들고 평안이 찾아왔습니다.

서수진
절망의 끝, 모두가 의심할 때 날 사랑해 주신 하나님

3. 기적의 경험

2013년 시험을 준비하고 있을 때 하나님은 제게 항상 평안을 주셨습니다. 간혹 어리석은 제가 세상이나 현실을 바라보며 요동칠 때도 있었지만, 60일 기도가 끝난 후에는 고시공부가 즐겁기까지 했습니다. 그렇지만 제 기분과는 반대로 현실은 어느 때보다도 어려웠습니다. 저에게는 마지막 외무고시나 다름 없었고, 부모님의 경제적인 피로감도 한계에 달해 있었습니다. 게다가 적지 않은 나이였기에 다른 길을 찾을 수 있을 거란 확신도 없었습니다. 그중에서도 무엇보다 힘이 들었던 것은 저를 믿어주는 사람이 더 이상 존재하지 않는다는 사실이었습니다. 가족들마저도 저의 합격을 의심했습니다. 여러 번의 실패가 있었기에 저로서는 변명의 여지가 없었지만, 그래도 가슴 한쪽이 텅 비어버린 느낌이었습니다.

제 곁에는 오직 한 분 하나님만이 계셨습니다. 오롯이 혼자라고 느낄 때면 저는 하나님께 기도하며 평안을 얻었고, 그 속에서 누구보다 저를 사랑하시는 하나님을 체감할 수 있었습니다. 1차 시험 합격 후 가장 큰 난관인 2차 시험을 준비하면서 종종 불안할 때도 있었지만, 그럴 때마다 하나님께 기도하면 신기하게 평안이 찾아왔습니다. 저는 매일 공부를 마치고 교회에 들러 하루도 빠짐없이 기도를 드렸습니다. 하나님의 사랑을 깨달은 후에는 제게 가장 좋은 것을 주신다는 믿음과 확신이 생겼고, 외무고시의 결과까지 하나님께 온전히 맡길 수 있었습니다. 그러자 정말 기적처럼 2차 시험에 합격했다는 소식이 날아왔습니다.

하지만 3차 시험을 앞두고는 그 평안이 자주 흔들렸습니다. 최종 합격을 눈앞에 두다 보니 저도 사람인지 욕심이 생기기 시작했습니다. 제가 결과에 집착하게 되자 곧바로 불안이 찾아왔습니다. 특히 기존 1, 2차와 달리 3차 시험은 2차 합격생들끼리 모여 준비했는데, 이 모임에서 다른 합격생들의 실력을 직접 제 눈으로 확인하고 나니 자신감이 확 떨어져 버렸습니다. 무엇보다 영어권 유학 경험이 없는 저로서는 영어 집단토론이 가장 어려웠습니다. 원어민 수준의 영어를 구사하는 사람들 사이에서 한없이 작아질 수밖에 없었습니다. 불안감을 떨쳐내기 위해 저는 요한복음 말씀을 반복적으로 읊조리며 더욱 하나님께 의지하고 매달렸습니다.

평안을 너희에게 끼치노니 곧 나의 평안을 너희에게 주노라.
내가 너희에게 주는 것은 세상이 주는 것 같지 아니하니라.

서수진
절망의 끝, 모두가 의심할 때 날 사랑해 주신 하나님

너희는 마음에 근심도 말고 두려워하지도 말라.

〈요한복음 14:27〉

그러나 3차 시험 당일, 어처구니없게도 첫 번째 시간인 집단 토론에서 설문지를 잘못 읽는 바람에 논점과 다른 발언을 하는 치명적인 실수를 범하고야 말았습니다. 무척 아쉬웠지만 후회해도 이미 때는 늦었고 아무 소용없는 일이었습니다. 마음을 가라앉히기 위해 저는 점심시간에 절절한 기도로 하나님께 지혜와 평안을 구했습니다. 그러자 놀랍게도 오후 영어토론 면접과 개인 프레젠테이션을 떨지 않고 잘 마칠 수 있었습니다. 그렇지만 첫 시간의 실수가 컸기에 결과를 장담할 수는 없었습니다. 저는 어떤 결과가 나오든 그것이 곧 하나님의 뜻일 터이니, 그것에 승복하자는 생각만 하고 있었습니다. 그런 저를 어여삐 여기신 걸까요. 마침내 저는 하나님께 또 하나의 기적을 선물받았습니다. 제가 최종 합격을 한 것입니다.

4. 기다림과 사랑의 하나님

제가 경험한 하나님은 기다림과 사랑의 하나님이었습니다. 제가 교만을 버리고 하나님께 돌아오기를 오랜 기간 내내 사랑의 눈으로 지켜봐 주셨습니다. 제가 하나님을 멀리할 때에도 늘 기다려 주셨습니다. 또 믿음의 동지들을 선물해 주셨습니다. 항상 헌신적으로 성도들을 이끌어 주시는 인치승 아름다운교회의 담임 목사님을 비롯해 셀 가족들을 만나게 해주셨습니다. 한 식구처럼 간절히 기도해 주시는 성도님들의 중보기도도 큰 도움이 됐습니다.

아름다운교회를 허락하신 하나님께 이 모든 영광을 돌리며, 절망의 끝에서 모두가 의심할 때도 변함없이 절 사랑해 주신 하나님께 다시 한 번 감사의 인사를 올립니다.

서수진
절망의 끝, 모두가 의심할 때 날 사랑해 주신 하나님

오 영 순

나를 구원하시고 동행해 주시는 하나님

하나님이 세상을 이처럼 사랑하사 독생자를 주셨으니

이는 저를 믿는 자마다 멸망치 않고 영생을 얻게 하려 하심이니라.

〈요한복음 3:16〉

　저는 간증 글을 쓰면서 만약에 제가 예수님을 영접하지 않았으면 저의 삶이 어떠했을까 생각해 봤습니다. 그러나 아무리 생각해 봐도 저는 예수님을 영접한 덕에 지금까지 행복한 삶을 살 수 있었다고 확신합니다.

　다시 한 번 저를 구원하시고 언제 어디서나 동행해 주시는 하나님께 마음 다해 감사드리며, 이 모든 영광을 돌려드립니다. 할렐루야!

오영순

나를 구원하시고 동행해 주시는 하나님

1. 아름다운교회에 나오다

저는 불교 집안에서 태어났습니다. 매달 떡시루를 만들어 정성으로 고사를 지내는 집안에서 자랐습니다. 교회라는 곳은 문앞에 가보지도 않았고 가볼 생각도 안했습니다. 그러던 중 결혼 후 남편의 권유로 교회에 다니며 예수님을 영접하게 됐습니다. 우리 큰아이가 81년생인데 그 아이가 태어난 지 몇 개월 후부터 교회를 다니기 시작했습니다. 지금의 우리 교회가 '성문교회'라는 이름으로 개척된 지 얼마 안 됐을 때입니다.

그러나 그렇게 열심히 다니지는 않았습니다. 주일과 구역예배에만 참석하는 정도였습니다. 아이를 업고 교회 가는 길이 무척 마음 편했고, 그래서 딱 그 정도에 만족하는 신앙생활을 하고 있었습니다. 그런 식으로 10년 넘도록 신앙생활을 했습니다. 주님께서 순간순간 신앙생활에 열심을 더하라는 사인을 보내주셨는데도, 어리석은 저는 제대로 깨우치지 못하고 있었습니다. 참 신앙이 무엇인지도 모르고 내 육신의 방법대로 욕심만 내며 살았습니다. 결국 우리 주님께서 순종이 제사보다 낫다는 것을 직접 체험하게 해주셨습니다.

나도 힘들고 아프고 고통스러웠다

2. 아픔이 찾아오다

어느 날부터, 그러니까 지금으로부터 15~16년 전이었습니다. 자꾸 몸이 아프기 시작했습니다. 병원에 갔는데 검사 결과에서도 구체적인 병명을 찾지 못했고, 신경성 위장병이라는 진단만 받았습니다. 건강하던 몸은 체중이 42kg까지 빠져버렸고, 그때부터 죽을 것 같은 몸과 마음의 고통이 시작됐습니다. 그런데도 왜 이렇게 아픈 건지 그 원인조차 알지 못했습니다.

그렇게 또 몇 년이 흘렀습니다. 이제는 몸이 너무 많이 아파, 먹을 수도 잠을 잘 수도 없어져서 날마다 엉엉 소리 내어 울었습니다. 누워 있으면 몸이 묶여 있는 것같이 아무것도 할 수 없는 지경이었습니다. 몸이 아프니 덩달아 불안한 마음과 우울증 때문에 죽을 것만 같았고, 실제로도 정말 죽고 싶었습니다. 결국 하던 일까지 그만둬야 했습니다. 그 당시 가족들과 남순우 권사님이 기도와 정성으로 간병을 해주셨는데, 그때의 통증은 기억조차 하기 싫지만 가족들과 남 권사님의 사랑만큼은 제 가슴속에 따뜻하게 남아 있습니다.

3. 예수님을 만나 몸이 회복되다

그렇게 아파서 기도하던 어느 날 예수님께서 제게 환상을 보여주시며 찬송을 주시기 시작하셨습니다. 깜짝 놀란 제가 주시는 찬송을 찾아보니 모두가 다 회개 찬송이었습니다. 저도 모르게 고개가 갸우뚱거려졌습니다. 곰곰이 생각해 봐도 지금까지의 저는 바르고 착하게 살아온 것 같은데, 왜 제게 회개하라고 하실까 하는 의문이 들었습니다. 그러나 하나님께 순종하며 회개 찬송을 부르다 보니 그제야 비로소 제가 죄인인 것을 깨닫기 시작했습니다. 주님께서 그동안 얼마나 답답하고 마음이 아프셨을까? 저는 살면서 불만불평을 하는 것도 죄라는 것을 그때서야 깨달았습니다.

깨달음이 오자 저절로 간절한 찬양과 기도가 터져 나왔습니다. 성령님의 은혜를 체험했을 때는 매우 기뻤고, 그 바람에 아픈 가운데서도 3일 금식을 했습니다. 물론 쉽지는 않았습니다. 이틀째 되는 날 아이들 먹이려고 밥을 하는데, 냄새만 맡아도 너무 역겨웠습니다. 텅 빈 속인데도 계속 구토를 했습니다. 그런데 심한 구토를 하며 3일 금식이 끝난 후에는, 오히려 신비롭고 깨끗한 무언가가 다시 제 몸에 담기는 듯한 기분이었습니다. 그와 동시에 몸이 치유되는 느낌이 들었습니다.

정말이지 눈물 콧물 다 흘리면서 찬양을 하고 기도를 했습니다. 점점 몸이 회복되는 것이 느껴졌고, 몸이 좋아지면서는 교회 봉사를 해야겠다는 결심이 섰습니다. 그래서 제가 할 수 있는 주방 봉사를 시작했습니다. 주방 봉사를 하면서도 건강이 조금씩 회복되는 것을 느낄 수 있었습니다. 그런데 시간이 지나자 또다시 쓰러지는 일이 반복됐습니다. 그래도 좌절하거나 포기하지 않고 그때마다 오뚝이처럼 다시 일어나, 더 열심히 봉사하고 더 열심히 신앙생활을 했습니다.

주방 봉사를 하면서 새삼스럽게 성도님들과 젊은 청년들이 얼마나 귀한지를 깨달았습니다. 제가 해놓은 음식을 성도님들과 청년들이 먹는 것만 봐도 예뻐 보였고, 그 덕분에 덩달아 제 마음까지 즐거워졌습니다. 결국 예배가 회복되니 몸도 점차 회복됐고 봉사도 기쁜 마음으로 할 수 있었습니다.

4. 동행하시는 하나님

저는 아들만 둘입니다. 이 아이들에게 신앙을 갖게 하려고 남편과 제가 많이 노력했습니다. 저희가 할 수 있는 것 이상으로 정성을 기울였습니다. 아이들이 어렸을 때는 조금은 엄하게 다뤄서라도 교회에 나오게 했습니다. 아이들이 성장해 중등부에 들어가기 시작하면서는 부모 간섭 없이도 혼자서 신앙생활을 잘하게 됐습니다. 지금 담임 목사님이 철저한 성경 공부와 기도 생활, 봉사와 섬김 등을 잘 가르쳐 주신 덕분입니다. 그 때문에 우리 아이들은 한창 사춘기가 있을 나이에도 별다른 탈 없이 지나갔습니다. 또한 하나님의 인도하심에 따라 대학을 가고, 큰아이 작은아이 모두 취업도 했습니다. 그리고 큰아이는 좋은 배필을 만나 아름다운 가정도 이뤘습니다. 정말이지 진심으로 하나님께 감사를 드립니다.

저는 하나님께서 주시는 여러 번의 체험을 통해서, 하나님께서 우리의 삶에 간섭하시고 동행하심을 몸으로 체득했습니다. 이와 더불어서 늘 주님께서 함께하시고 불꽃같은 눈동자로 늘 저희를 지켜주신다는 것도 깨닫게 됐습니다. 지금도 주님은 살아서 역사하시고, 저희가 생각하고 마음먹은 것까지도 다 알고 계십니다.

때로는 제가 부족하고 연약해 함께하시는 주님이 두려울 때도 있습니다. 하지만 저희를 사랑하사 독생자 외아들까지 주셨으니 범사에 감사하며, 영원토록 주님을 찬양하고 영광을 돌리며 살겠습니다.

정 은 하

아름다운 배움

1. '믿음'의 닻을 내리다

신앙스쿨에 다니고 온가족의 사랑을 받으며 성장한 저는 홀로서기의 외로움을 몰랐습니다. 미국에서 한국으로 온 지 2년쯤 됐을 때 아버지는 방학을, 저는 홈 스쿨을 맞았습니다. 경이롭게도 일상이 풍부한 기도 응답의 연속이라서 자연스레 〈기쁨과 감사〉 일기를 썼습니다. 하지만 한편으로는 '신=나사렛 예수'라는 전제에 의심이 들어 성경을 반박하고 모범생들의 행동을 비판하기도 했습니다.

고2 여름에 퀴즈대회 친구들과 러시아에서 개기일식을 봤습니다. 이때 문득 사람은 불완전한 존재이기 때문에, 신은 이해의 대상이 아니라 믿어야 하는 대상일지도 모른다는 생각이 들었습니다.

정은하
아름다운 배움

신실하신 어머니의 가르침 덕분에 2000년 전 이스라엘에서
의 십자가·부활사건과 영생이, 21세기 한국에 사는 '나'와 관
계가 있음을 발견했습니다. 제 가슴에 "요한복음 1:1~5 진리"
가 '믿음'의 닻을 내렸고, 물과 피로 천국 시민증을 받았습니다.

2. 아름다운 군사훈련학교에 참여하다

2009년 1학기 아름다운 군사훈련학교에서 〈예배와 찬양〉 기
초필수를 재수강했습니다. 쉬울 거라 여겼는데 막상 범위가 깊
고 넓어 온전히 알기까지 시간이 걸렸습니다. 처음에는 성령님
께서 이끄셔서 1교시부터 7교시까지 스파르타식으로 수업에
참여했습니다. 보충수업에도 자유의지로 오는 수강생들이 많다
는 것에, 또 매 강의마다 성령 충만의 역사하심에 놀랐습니다.
캡틴 님담임 목사님은 복 받기 위한 예배도 훌륭하지만, "오직 구
주를 경배하는 제사가 더 귀하다."고 하십니다. "찬양은 일어서
서 두 손 들고 온 세포를 가사에 집중하기다."라고 말씀하십
니다.

1부 성가연습·예배시간과 금요일 안내·예배시간은 제 소유
가 아니므로 아예 제외하고, 다시 스케줄을 짰습니다. 성가를

나도 힘들고 아프고 고통스러웠다

부를 때나 안내 인사할 때나 '내가 웃는 게 웃는 게 아니야!'가 아니라, 성령님께서 저를 웃게 만드셨습니다.

운동과 만화로 도피하는 제 버릇은 예배와 찬양에 빠져들며 없어졌습니다. 나아가 영의 해방과 참 자유를 누리고 있습니다. 찬양으로 준비된 예배에서 그리스도의 메신저인 캡틴 님을 통해 가장 투명한 방법으로 주님의 마음을 알게 됐습니다.

3. 주님과 동행함이 가장 큰 성공이며 형통!

저는 영국에서 영문학 심화과정 중 법에 관심이 생겨 귀국해, 사법시험을 준비했습니다. 하루 14시간씩 공부만 하다 시험이 끝나 1년 만에 술을 조금 마셨고, 다음 날 새벽 5시 30분에 예배당에 갔습니다. 캡틴 님이 안 취하는 자라도 금주하라고 명하셨고, 그것마저 아시는 성령님의 섬세하심에 깜짝 놀랐습니다. 또 수요일 저녁마다 있던 제 영어회화 봉사수업에 새 학생이 오는 날 새벽, 캡틴 님은 그 학생이 얼마나 귀한지를 5분간 설명하셨습니다. 제 은사님께 엽서를 보냈는데, 다음날 아침 캡틴 님은 그 은사님의 캠퍼스 사역을 칭찬하셨습니다. 저는 아름다운 지성소에서 시간과 돈의 투자로 구주를 범사에 인정함이 무엇인지 배워갑니다.

정은하
아름다운 배움

여름 계절 학기에 〈형통과 부요〉를 학습했습니다. 물이 구덩이를 만나면 차기 전까지 흘러갈 수 없지만, 차면 다시 나아간다고 합니다. 정체된 제 길은 '주님과 동행함이 가장 큰 성공이며 형통'임이 고백될 때까지 말 그대로 암흑기였습니다.

원래는 하나님 영광임에도 제 영광으로 취한 것을 내려놓고, 과거 기억을 레테 강망각의 강에 씻으며 고독한 심해 바닥에 이르자 예수님만 보였습니다. 우주의 먼지보다 작고 가벼운 존재인 저를, 그리스도 보혈의 공로로 구원해 주신 그 하나가 무척이나 감사합니다.

4. 진정한 효도는?

지난 1학기에는 태어나서 처음으로 아름다운 학교의 고난주간에 금식을 해 뜻있는 부활절을 맞았습니다. 고난의 용광로가 불순물을 제거하고 정금을 만들듯, 여호와 샬롬께서는 제게 진짜 평안만을 주십니다. 그런데 인생에서 겪는 실패라는 '대상'의 고난보다, 소중한 사람과 단절되는 '관계'의 고난이 더 힘들었습니다.

종교 문제로 1년간 혈육의 아버지로부터 대화와 후원을 거부

당하고 있습니다. 저는 단지 "아빠, 사랑해요!"를 외치기 위해 전국노래자랑에 나갔을 정도로 유명한 '파파 걸'입니다. 지금도 제게 가장 소중한 '아빠 구원'을 위해 기도하면 3초 만에 눈물이 자동으로 나옵니다.

아이러니하게 그로 인해 아바Abba 아버지께 아빠 믿음을 위해 더 기도하고, 하늘에 계신 우리 아버지로부터 물질이 온다는 것을 깨닫게 됐습니다. "말라기 3:10"대로 십'이'조로 야훼를 시험했고, 수업비 면제 3번·50% 할인 1회와 무료 여드름 시술·아카라카 티켓 각 1장을 얻었습니다. 세계 으뜸 회계사이신 아바 아버지께 효녀이고자 노력합니다.

손익 따지며 피곤하게 살던 저는 cheap spirit저렴한 생각을 버렸고, 장기기증 서약하고, 기아대책 기부금 늘리고, 주위 축의금 챙기고, 플랜코리아·굿네이버스과거, 관악청소년회관현재에서 봉사하는 등 구주께 제 가계부를 맡깁니다.

캡틴 님께서 선물을 당신께 주지 말고 이웃과 나누라고 하셔서, 제 옷들 두 상자를 아름다운 가게에 보냈습니다. 스티브 잡스 연설의 'Connecting the dots점들이 연결됨'처럼, 남에게 뿌린 모든 씨앗이 협력해 언젠가 제게 결실로 돌아오겠죠.

아름다운 배움터에서 '진정한 효도는 아빠가 아바 아버지께

정은하
아름다운 배움

로부터 사랑을 흠뻑 받고 회심하시길 중보 하는 일이며, 타인에게는 특별 은총의 도가니탕을 대접하는 일이며, 그로써 시대의 패러다임을 통찰하고 사역하는 일'임을 터득하게 됩니다.

5. 여호와 라파께 안테나를 맞추다

1학년 2학기에 특히 '기도'에 집중했습니다. 아름다운 예배당은 24시간 자율학습이 가능합니다. 성령의 단비로 샤워하지 않으면 사단이 게임 겁니다. 그땐 "마귀가 꿈틀거리네? 꽉 밟아라!" 율동과 함께 노래 부르며, 종이호랑이인 사단을 기도의 가위로 싹둑 자릅니다.

또 기도하면 성령님께서 책임질 영혼들을 세밀히 알려주시고, 전도하는 말들이 그 영혼에게 잘 스며들게 도와주십니다. 캡틴 님이 방언을 강조하신 새벽수업 때, 보혜사 성령님께서 배우거나 들어보지 못한 제3외국어를 제게 주셨습니다.

저는 식탐이 강한데 굶고 기도하면 신기하게도 행복합니다. 제 진로 때문에 3일 금식을 했더니, 자식이 배 굶주리면 애처로운지 "야고보서 1:2~8을 보라."고 쓰인 머리의 선명한 글자가 보였습니다. 저와 지란지교를 하는 벗의 동생이 아파서 2끼

나도 힘들고 아프고 고통스러웠다

중보를 했는데, 거짓말처럼 다음날 좋아졌습니다. 그것은 행위 때문이 아닌, "말씀이 육신 되신" 예수님의 임재로 말미암은 것입니다. 은사보다 강한 생명의 말씀이 '마음'을 주관하게 되면, 말씀 그대로 하나님 형상대로 '육체'가 돌아가는 느낌입니다.

이제는 잠잠히 제로베이스에서 천국 주파수로 여호와 라파께 안테나를 맞추고, 오직 말씀에 지배당하는 깊은 '리스닝'을 연습해 보려고 합니다. 벗과 지란지교하며 혹은 아름다운 셀에서 교제하며 들은 치유·환상·꿈·예언 간증에 은혜받고, 그 은사를 가지신 분들이 부러워 제게도 속히 하늘의 권세를 달라고 떼를 쓴 적이 있었습니다. 그러나 야훼를 한계 짓고 제 능력도 한계 짓고, 제 생각대로 '스피킹'만 한 것을 반성합니다. 아름다운 안식처를 통해 제 분수는, 제 그릇은, 토기장이이신 하나님 언약대로임을 묵상하는 계기를 갖게 됩니다.

저는 씨의 축복으로 상속받은 다섯 달란트를 수건에 싸두고 살아온 게으른 종이었습니다. 2010년 2학년이 되어 '충성' 달란트를 사모했습니다. '복음의구원' 사람이면, 마땅히 '복음으로믿음' '복음을 위하여행동' 일 분 일 초의 객관적 시간표에 치열해야 한답니다.

캡틴 님이 말씀하시길 "깡으로 두 다리로 달리지 말고 성령의 오토바이를 얻어 타는 것이 관건"이랍니다. '복음으로' 노력하는 것이 독기 품고 인간적 극기를 하는 것보다 2배 이상 어렵긴 하지만, 드는 힘은 1/2배 이하로 줄어드는 것 같습니다. 저도 훈련 중이라 잘은 모르지만요.

6. 브라보, 형제여! 브라보, 자매여!

5月 주일 아침, 작지만 크게 보였던 순종을 했습니다. 대기시간 내 도착해야 하는 장소로 성가대원 임무를 마치고 출발했는데, 그 날 3가지에를 들었습니다. 제한된 순위 안에 들었고, 제가 전도한 동생으로부터 재발부위가 수술 없이 치유되었단 소식을 들었고, 순종하면 포도주가 물로 변하는 기적이 일어난다는 저녁설교를 들었습니다.

전 '순종'에 취약한데, 기적을 몹시 바라므로 순종을 전략과목으로 바꾸는 데 도전합니다. "주의 종들께 순종하기" 같은 즐거운 숙제도 있지만 겸손하기, 자아의 파쇄, 인본주의 버리기, 각 성도에 내재한 성령님 존대하기 등은 제게 난제입니다. 그래도 '내 알'을 깨어버려야 독수리처럼 즐거운 비행을 하겠죠?

나도 힘들고 아프고 고통스러웠다

아름다운 학교에서 "신앙인의 위대함은 삶이 자신을 속일지라도, 주님께 떳떳할 수 있게 우선순위를 지킴에 있다."는 교훈을 받습니다.

아름다운 학교에는 성령님의 사랑과 성도 간의 사랑이 흐릅니다.

브라보, 형제여! 브라보, 자매여!

아름다운 배움이 사랑으로 '전달 ×곱하기 ∞무한공감' 되길, 예수 그리스도 존함으로 기도합니다.

정은하
아름다운 배움

story 16

유 석 원

내가 하는 것이 아니라
하나님이 하십니다

너는 마음을 다하여 여호와를 의뢰하고

네 명철을 의지하지 말라.

너는 범사에 그를 인정하라.

그리하면 네 길을 지도하시리라.

〈잠언 3:5~6〉

너희는 내게 배우고 받고 듣고 본 바를 행하라.

그리하면 평강의 하나님이 너희와 함께 계시니라.

〈빌립보서 4:19〉

여호와께 희망을 두는 사람들은 능력을 되찾을 것이다.

달려가도 지치지 않고, 걸어가도 피곤하지 않을 것이다.

〈이사야 40:31〉

유석원

내가 하는 것이 아니라 하나님이 하십니다

1. 절망 속에서 아름다운교회에 나가다

대학시절에 저는 예수님을 인격적으로 만났고 교회를 다녔습니다. 하지만 고시공부를 시작하면서 선데이 크리스천으로 변했고 신앙보다는 시험 합격을 우선으로 삼았습니다. 그러던 저는 2007년 사법시험 1차에서 커트라인 바로 아래 점수로 떨어졌습니다. 무척이나 간절히 합격을 원했기에 절망이 컸고, 왜 저에게 이런 시련을 주시는지 하나님이 원망스러웠습니다.

그때 하나님께서 한 선배를 통해 저를 아름다운교회로 인도하셨습니다. 2007년 10월 저는 당시 동방상가 지하에 있던 아름다운교회에서 처음 예배를 드렸습니다.

2. 아름다운교회에서의 신앙생활

(1) 인치승 목사님께서 예배에서 강조하시는 것 중 하나가 "찬양할 때 손을 들고 찬양하라."는 것입니다. 저는 내향적인 성격이며 예배 중에 다른 사람들을 많이 의식하는 편이었습니다. 하지만 목사님의 말씀을 듣고 예배 중에는 다른 사람들을 의식하지 않으려 애쓰면서, 오직 하나님께만 집중하려고 노력했습니다. 하나님을 의식하며 손을 들고 찬양할수록 찬양의 가사가 저의 기도가 되었고, 눈에서는 눈물이 쏟아졌습니다. 그

렇게 저는 예배 때마다 주위사람들을 의식하지 않고 뜨겁게 찬양하며 많은 은혜를 받았습니다.

(2) 목사님 설교 중에 제게 큰 힘이 됐던 말씀 몇 구절을 나누고 싶습니다.

> 너희는 먼저 그의 나라와 그의 의를 구하라.
> 그리하면 이 모든 것을 너희에게 더하시리라.
> 〈마태복음 6:33〉

> 만일 그럴 것이면 왕이여,
> 우리가 섬기는 우리 하나님이 우리를 극렬히 타는 풀무 가운데서
> 능히 건져내시겠고 왕의 손에서도 건져내시리이다.
> 그리 아니하실지라도 왕이여,
> 우리가 왕의 신들을 섬기지도 아니하고
> 왕의 세우신 금 신상에게 절하지도 아니할 줄 아옵소서.
> 〈다니엘 3:17~18〉

목사님은 말씀을 전하시면서 시험 공부하는 가운데 하나님

께 도움을 구하되 다만 "그리 아니하실지라도 감사하겠습니다."라는 기도도 같이 하도록 권면하셨습니다. 저는 처음에 '내가 시험에 떨어져도 하나님께 감사할 수 있을까?' 하는 생각을 했습니다. 그동안 겉으로는 하나님의 영광을 내세웠지만 내면 깊숙한 곳에서는 나의 영광을 추구했던 불순한 동기를 깨달았습니다.

예배와 기도 가운데 마음속에 있는 불순한 동기들을 하나씩 내려놓으며 올바른 크리스천 법조인으로 살기로 결단했습니다. 그러자 하나님께 진심으로 간절히 도움을 요청하는 기도가 나왔습니다.

'하나님 제가 올바른 크리스천 법조인으로서 먼저 하나님의 나라와 의를 구하는 삶을 살고자 합니다. 시험에 합격할 수 있도록 도와주십시오. 그러나 그리 아니하실지라도 감사하겠습니다.'

(3) 아름다운교회의 신앙생활 중에서 셀 모임을 자랑하고 싶습니다. 셀은 소그룹 공동체로서 서로의 삶과 기도 제목을 나누며 서로를 위해 기도해 주는 은혜의 자리입니다.

저는 처음에는 예배만 드리고 셀 모임은 하지 않았습니다. 지난해 3월 너무나 마음이 힘들어 지푸라기라도 잡는 심정으로 셀 모임을 시작했습니다. 그런데 진심으로 큰 위로가 됐습니다. 셀 가족들의 섬김과 기도가 제게 든든한 버팀목이 됐고 신앙의 성장도 도와줬습니다.

3. 기적과 같은 하나님의 도우심

(1) 저는 2008년 1차 시험을 보기 전에 시험장의 자리와 안정적인 점수를 놓고 기도한 적이 있었습니다. 가운뎃줄의 맨 끝자리를 달라고 기도를 했고, 점수도 커트라인에서 평균 5점 이상을 받게 해달라고 기도했습니다. '그리 아니하실지라도 감사합니다.'라는 기도를 드리고는 까맣게 잊어버리고 있었습니다. 그런데 시험 당일 시험장에 도착해 자리를 살펴보니 가운뎃줄의 맨 끝자리였습니다. 자리를 확인하는 순간 그때 기도하던 것이 생각났습니다.

3.3%의 확률! 하나님께서 함께하시고 나를 도우신다는 확신이 들어서, 감기로 몸 상태가 좋지 않은 가운데에서도 무사히 시험을 치렀습니다. 나중에 확인해 보니 기도대로 커트라인에서 평균 5점 이상의 점수가 나왔습니다.

(2) 그렇지만 저는 2008년, 2009년 2차 시험에서 연거푸 떨어졌고, 2010년의 1차 시험도 떨어졌습니다. 게다가 갑상선항진증이란 병에 걸려서 약물 치료를 2년간 받아야 했습니다. 게다가 오랜 고시생활로 경제적으로도 어려운 처지였습니다.

그래서 공부와 아르바이트를 병행했습니다. 힘든 상황이 겹쳤지만 하나님을 의지했습니다. 공부시간이 부족했음에도 하나님의 기적과 같은 도우심으로 2011년 1차 시험을 고득점으로 합격했습니다.

(3) 제 기대와는 달리 2011년 2차 시험에서 또다시 떨어지고 2012년 2차 시험을 준비하는 가운데, 갑작스럽게 아버지께서 위암 판정을 받았습니다. 저는 오랜 공부기간 동안 하나님께 부모님의 건강을 지켜달라고 기도했었습니다. 아버지의 암 선고는 정말이지 청천벽력 같은 소식이었습니다. 최종 합격한 모습도 아직 못 보여드렸는데, 마음이 무너질 듯했습니다.

하지만 그것 또한 하나님의 도우심으로 암 초기에 발견했습니다. 수술도 무사히 끝마쳤습니다. 아버지는 오히려 예전보다 더 건강해지셨습니다. 저의 기도를 들으시고 응답하신 하나님께 감사드립니다.

(4) 마음이 힘들어 2012년 2차 시험 막판에는 공부가 잘 안 됐습니다. 시험을 일주일 앞두고는 허리가 끊어질 듯이 아파서 공부는커녕 며칠 동안 누워만 있었습니다.

눈물을 흘리며 씨를 뿌리는 자는 기쁨으로 거두리로다.

〈시편 126:5〉

포기하고 싶은 마음이 굴뚝같았지만 이 말씀을 붙잡고 최선을 다하자고 생각했습니다.

시험 당일, 놀랍게도 평소 정리해 뒀던 문제들이 많이 나왔습니다. 특히 시험 직전에 봤던 문제들이 대거 출제됐습니다. 결과 발표 후 점수를 보니 아버지 병간호 하느라 학원 수업도 여러 번 빠졌던 형법에서 뜻밖의 고득점이 나왔습니다. 이는 전적으로 제 능력이 아닌 하나님께서 도와주셨음을 다시 한 번 깨달았습니다.

4. 마치며

제가 사법시험에 합격한 것은 제 능력이 아니라, 온전히 하나님께서 하신 일임을 분명히 고백합니다. 하나님께서는 온전히

유석원
내가 하는 것이 아니라 하나님이 하십니다

하나님을 의지하도록 저를 훈련시키셨습니다. 그래서 저의 생각과 욕심을 내려놓고 하나님께 제 삶을 맡기고 의지할 때, 그때 비로소 하나님께서 일을 행하신다는 것을 알게 하셨습니다. 제가 할 수 있는 것은 오로지 하나님께서 하신 일들을 찬양하는 것밖에 없습니다. 저는 여전히 부족한 점이 너무나도 많습니다. 그러나 저의 힘이 아니라 하나님을 의지하면 하나님께서 행하신다는 것을 믿습니다.

마지막으로 올바른 신앙 지도를 위해 애쓰시는 아름다운교회의 인치승 담임 목사님과 가족처럼 기도해주시는 모든 교역자 분들, 그리고 교인 분들께 감사드립니다.

아들을 위해 날마다 쉬지 않고 새벽을 깨우며 기도하시고 5개월여를 저녁 금식하신 어머니를 비롯해 아버지, 누나, 매형, 여동생, 여러 친지 분들께도 감사를 드립니다.

모든 영광을 하나님께 돌립니다.

story 17

이 창 열

우리 가족의 둥지를
찾았습니다

1. 아들의 소원은 가족 모두가 함께 예배드리는 것

11년 전 이맘때, 지금은 대학교 4학년인 작은아들의 간절한 요구로 처음 교회에 나가게 됐습니다. 아내와 아이들은 오래전부터 교회를 다녔지만, 저는 일을 핑계로 일요일에도 아내와 아이들만 교회에 태워다 주고는 일터로 돌아갔습니다.

당시 초등학교 6학년이던 작은아이가 부산·경남 지역방송총국 퀴즈 프로그램에서 연승 기록을 세운 후, 저는 무척 흐뭇하고 기분이 좋아서 작은아이에게 선심성 약속을 했습니다. "네가 원하는 어떤 것도 아빠가 들어줄 테니 소원을 한 가지만 말해 봐."라고 아이에게 말했습니다. 놀랍게도 어린아이의 입에서 나온 대답이 "아빠, 아빠를 포함한 우리 가족 모두가 함께 예배드리는 것이 제 소원이에요. 그러니 아빠도 같이 교회 가

이창열

우리 가족의 둥지를 찾았습니다

요."라는 말이었습니다. 저는 순간 감전이라도 된 것처럼 심한 충격을 받았습니다. 아니, 정신이 번쩍 들었습니다.

사실 저는 작은아이가 금전적인 요구를 할 것으로 예상하고, 내심 나름대로 금액까지 상한선을 정해놓고 대답을 기다리고 있었습니다. 그런데 뜻밖에도 철도 들지 않은 아이가 제 아빠에게 같이 교회를 가자는, 제가 전혀 예상치 못했던 소원을 말하는 것입니다. 영 마음은 내키지 않았지만 이미 아이에게 호기 있게 약속을 한 터라, 꼼짝없이 그 다음 일요일부터 교회에 나가기 시작했습니다. 결국 저는 작은아이 덕분에 신앙생활의 늦깎이 지각생이 된 셈입니다.

2. 아름다운교회에서 가족의 둥지를 틀다

저는 평생을 불신자로 살아왔기 때문에 처음에는 교회를 나가도 제대로 된 신앙생활을 하지 못했습니다. 몸은 교회에 있지만 마음은 세상일에 더 열심이었습니다. 다시 말해 진정한 신앙생활이 아닌 습관적인 종교생활로 일관하고 있었던 것입니다. 그런 저의 모습을 안타깝게 지켜보던 큰아이가, 제 생일날 건네준 편지를 보고 한 번 더 깜짝 놀랐습니다. 편지에는 "아빠, 머리로 예수님을 만나려 하지 마시고 가슴으로 예수님을 맞아보세요."라고 적혀 있었습니다. 작은아이에 이어 큰아이까지 저를 놀라게 하는 재주가 있었습니다. 또다시 정신이 번쩍 들었습니다. 두 녀석 다 어찌나 듬직하던지!

제가 이곳 아름다운교회에 출석하기 전에 나가던 교회는 소위 초대형 교회라서, 모든 예배와 모임들이 미리 짜인 시스템에 따라 움직였습니다. 틀에 박히고 형식적이어서 신앙생활을 하면서도 탈진을 경험했습니다. 게다가 당시에 출석하던 교회는 저희 집과 거리가 너무 멀었습니다.

이런저런 이유들을 핑계 삼아 아내가 올해 1월부터 아름다운교회로 새벽예배를 다녔습니다. 아내를 통해 아름다운교회의 예배 분위기와 담임 목사님의 신실하신 사역 철학에 대해 하나둘씩 알게 됐습니다. 무엇보다도 두 아이의 아버지인 제게는 여기 아름다운교회에서 많은 젊은이들이, 하나님께서 주신 비전을 품고 신앙생활을 하고 있다는 사실이 크게 다가왔습니다. 젊은이들이 신앙생활도 아름답게 하면서 열심히 공부해, 각종 고시와 임용시험에서 다수 합격하고 있다는 것만으로도 제게는 큰 감동이었습니다.

더욱이 두 아이의 고시 합격을 목표로 경남 창원에서 서울로 이사까지 온 아내와 저로서는, 저희 가족에게 맞는 확실한 둥

이창열
우리 가족의 둥지를 찾았습니다

지를 찾은 것 같았습니다. 이후 아무런 망설임 없이 올해 6월부터 가족과 함께 아름다운교회에 출석하기 시작했고, 얼마 지나지 않아 등록을 하여 새 가족반 교육도 받았습니다.

3. 두 손 들고 찬양하라

사실 초기에는 처음 접해 보는 예배 분위기에 쉽게 적응이 되지 않았습니다. 특히 금요예배 시간에 두 손을 들고 찬양을 하거나 깃발을 흔들며 찬양하는 모습들은, 한편으로는 너무 낯설고 극성스러워 보이기까지 했습니다. 선뜻 따라 하기도 힘들 정도였습니다. 그러나 얼마 후 왜 손을 들고 찬양해야 하는지에 대해 담임 목사님의 말씀을 듣고 나니 자연스럽게 이해가 됐고, 그렇게 어색하고 따라 하기 힘들었던 것들이 이제는 익숙하고 편안해졌습니다. 어느새 예배시간에 두 손 들고 찬양하는 것에 푹 빠져 있는 저를 발견하게 됩니다.

새 가족반에서 받은 5주간의 교육 역시 교회를 이해하고 알아가는 좋은 기회였습니다. 선생님의 열정과 의욕에 넘치는 성경 공부도 많은 도움이 됐습니다. 교회에 대해 친절하게 설명해 주신 덕분에 교회생활에도 보다 쉽게 적응할 수 있었던 것 같습니다.

4. 기도의 생활화

그동안 직장생활을 핑계로 겨우 주일에만 예배를 드리던 저는, 인치승 목사님께서 예배의 중요성과 신앙의 원리를 강조하시는 말씀을 듣고 작정을 했습니다. '어떤 일이 있어도 예배만큼은 빠짐없이 드리자!' 그 이후부터 작정한 것을 실행으로 옮겨 주일 낮예배, 저녁예배, 수요예배, 금요예배까지 모두 드리고 있습니다. 특히 퇴근 후 1시간 30분을 달려와 수요예배를 드리고 나면 커다란 성취감마저 느껴집니다. 이 모든 것이 하나님의 은혜와 축복입니다.

그리고 또 한 가지 작정을 더 했습니다. '기도를 생활화하자!'는 것입니다. 직장에서도 저는 시간 날 때마다 기도의 시간을 갖고 말씀 듣기를 생활화하고 있습니다. 시간이 여의치 않을 때에는 속으로라도 기도를 꼭 합니다.

"사랑의 하나님, 우리가 살고 있는 삶의 현장은 너무나 각박하고 치열한 나머지, 무섭게 투쟁해야 하는 죄악과 부정이 난무하는 곳입니다. 그러기에 성령 하나님께서 우리를 붙잡아 주시고 지켜주시지 아니하시면, 매일매일 실족할 수밖에 없는 현실에서 살고 있습니다. 그렇다고 우리가 무의미하게 이 악의 현실에서 도망가거나 도피하지 않도록 인도하여 주옵소서. 불

이창열
우리 가족의 둥지를 찾았습니다

의를 도모하지 않게 하시고, 남을 해하는 거짓을 행하지 않게 하옵소서. 은혜의 주님, 우리가 하나님의 자녀요 하나님의 사람인 것을 알게 하시고 새로운 삶의 역사를 창출하는 믿음의 사람이 되기를 소원합니다."

아직 아름다운교회에 출석한 지 반년이 채 안됐지만 그동안 놀랍게 변화된 저의 모습을 보면서 감사의 기도를 드리지 않을 수 없습니다. 이렇게까지 저를 변화시켜 주신 하나님께 감사드리며 앞으로도 계속 성령 하나님이 도와주시기를 원합니다.

오늘은 제가 좋아하는 금요예배가 있는 날입니다. 오전부터 마음이 설레고 시간이 더디 가는 것 같아, 안달하면서 보채듯 예배시간만을 기다리고 있습니다.

신 덕 순

축복의 장소로
이끌어 주신 하나님

지혜 있는 자는 궁창의 빛과 같이 빛날 것이요,

많은 사람을 옳은 데로 돌아오게 한 자는

별과 같이 영원토록 비취리라.

〈다니엘 12:3〉

하나님을 사랑하는 자 곧 그 뜻대로 부르심을 입은 자들에게는

모든 것이 합력하여 선을 이루는 가치가 있다.

〈로마서 8:28〉

1. 할렐루야, 하나님의 영광이 가득한 계절입니다

저는 50여 년을 줄곧 지방에서만 살아왔습니다. 서울로 아이
를 보내놓고 내내 걱정만 하다가, 1년 전부터는 서울과 지방을

신덕순
축복의 장소로 이끌어 주신 하나님

오르내리며 두 집 살림을 하고 있습니다. 낯선 서울 생활은 어른인 저도 적응하기가 쉽지 않았습니다. 다행히 하나님을 의지하는 믿음이 있었기에 여러 가지 심리적인 어려움을 이겨낼 수 있었습니다.

남편은 지방에서 직장생활을 하고 있어서 제가 2주에 한 번씩은 꼭 내려가야만 하는 상황이었습니다. 어쨌든 주 거주지가 서울로 바뀌었으니 교회도 새로 다녀야 하는데, 저로서는 새로운 교회에 등록을 하는 일이 무척 망설여졌습니다. 삼십여 년 동안 신앙생활을 해왔던 이전 교회를, 괜히 저버리는 듯한 느낌이 들기도 했습니다.

할 수 없이 저는 일 년 가까이 등록은 하지 않은 채로, 집에서 가까운 교회에 다니고 있었습니다. 그러던 어느 날 예배시간에 등록하지 않은 손님 성도는 필요 없다는 충격적인 말을 듣게 됐습니다. 순간 소름이 끼치면서 '다 같이 하나님을 믿는 자녀들인데 조금 더 따뜻하게 받아들이시면 안 되나….' 하는 생각이 들었습니다. 재차 확인했을 때도 끝까지 안 된다고 하자 너무나 막막해졌고 마음의 상처를 크게 받았습니다. 그 후로 2주째 교회에도 나가지 못한 채 '이제는 또 어떤 교회를 택해야 하나?' 걱정이 되면서, 이래저래 극심한 혼란에 빠져 있었습니다.

나도 힘들고 아프고 고통스러웠다

2. 축복의 장소, 아름다운교회!

그러던 중 우연히 길을 가다가 아름다운교회에서 발행하는 신문을 건네받게 됐습니다. 이단 교회일수록 더 요란하게 전도하고 전단지를 뿌린다는 의심이 들어, 처음에는 아예 신문 내용도 읽지 않았습니다. 그렇게 시간이 지나면서 또 주일이 다가왔습니다. 더 이상 교회에 나가지 않을 수만은 없어서, 구석에 방치해 뒀던 신문을 꺼내 읽었습니다. 읽을수록 어떤 교회일지 조금씩 궁금해졌습니다. 그러나 신문에 찍혀 있는 교회의 겉모습은 몹시 실망스러웠습니다. 결국 몇 번이나 망설이다가 우선은 금요일 저녁 9시에 드리는 금요예배에 참석하기로 마음의 결정을 내렸습니다.

드디어 금요일이 되어 아름다운교회에서 예배를 드리게 되었는데, 어찌 된 영문인지 그동안 꼭꼭 닫혀 있었던 회개의 눈물이 봇물처럼 쏟아져 내렸습니다. 도대체 왜 눈물이 나는 건지, 정확히 무엇을 잘못한 건지는 모르겠으나, 순간순간 잘못했던 여러 일들이 떠오르면서 저도 모르게 눈물로 회개를 하고 있었습니다. 예전에 처음으로 주님과 만났던 순수했던 그 믿음이 되살아나는 것처럼, 뜨거운 찬양과 살아 있는 기도가 있었습니다.

신덕순
축복의 장소로 이끌어 주신 하나님

　　교회 옮기는 것을 하나님 앞에서 큰 죄로 생각했던 제게, 주일예배를 통해 주시는 하나님의 말씀은 너무도 뜻밖이었습니다. 교회를 옮기는 것은 죄가 아니며, 하나님은 우리들의 생각과 달라서 하나님의 방법으로 축복의 장소로 우리를 옮긴 후에 복을 주실 수도 있다고 했습니다. 하나님이 인도하시는 장소에는 먼저 축복받은 자들이 있는데, 그 사람들의 복을 확인하면서 자신도 큰 은혜를 받을 수 있다는 말씀이었습니다.

　　또한 우리 눈으로 볼 때 좋은 환경으로 보일지라도 축복받을 수 없는 데가 있고, 성경에 나오는 이방의 여인 룻이 신실한 보아스를 만난 것처럼 불편한 곳, 어려운 곳, 외관상 열악해 보이는 곳일지라도 하나님이 준비하시면 그곳이 바로 복의 장소가 될 수 있다는 말씀이었습니다. 하나님이 예비하신 복의 장소가 있다면 그곳에 가야 우리들의 상식을 뛰어넘는 놀라운 은혜를 체험할 수 있다고도 했습니다.

　　교회를 옮기는 문제로 번민하고 괴로워하던 상태에 있던 제게 이 말씀은 큰 위로가 됐습니다. '어쩌면 이 아름다운교회로 이끄시기 위해 하나님께서 제게 작은 시련을 허락하셨던 것은 아닐까?' 하는 생각도 들었습니다. 이쯤 되니 요지부동이었던 제 마음도 자연스럽게 움직였습니다. 아무 망설임 없이 아름다

나도 힘들고 아프고 고통스러웠다

운교회에 등록을 한 것입니다. 그리고 그것은 결단코 옳은 결정이었습니다. 정말 따뜻한 교회였습니다. 그동안 신림동으로 모여드는 많은 젊은이들을 안아주던 교회답게, 교회 유인물에도 예배드리는 곳곳에서도 낯선 이들을 맞아주기 위한 소소한 배려가 담겨 있었습니다.

3. 아름다운 사람이란 상대방의 마음을 훈훈하게 해주는 사람

『새 가족 신앙생활 도우미』라는 책과 함께 5주간의 새 가족 교육을 받았습니다. 처음으로 믿는 분들에게는 예배드리는 데 필요한 여러 요소들을 친절하게 안내해 주는 시간이었습니다. 이미 믿고 있던 사람들에게는 기독교의 근본 진리를 체계적으로 다시 정리하고 이해할 수 있도록 해줬습니다. 그리고 권사님들이 정성껏 차린 맛있는 점심식사를 나누며, 낯선 사람들끼리도 금방 친해질 수 있는 좋은 기회들이 제공됐습니다. 물론 다른 교회에도 새 가족 교육 과정이 있겠지만, 제가 알기로는 아름다운교회처럼 유인물로 친절하게 안내해 주는 곳은 많지 않았습니다.

곳곳에 낯선 이들을 위한 따뜻한 배려와 사랑이 묻어 있는 교회!

신덕순
축복의 장소로 이끌어 주신 하나님

뜨거운 찬양과 간절한 기도가 살아 있는 교회!

이곳 아름다운교회에서 여러분도 하나님의 은혜를 느껴보지 않으시겠습니까?

성경대로 예배드리며 우리의 작은 신음에도 응답하시는 하나님의 크신 사랑을 느껴보지 않으시겠습니까?

참고로 '아름다운 사람'이란 '상대방의 마음을 훈훈하게 해주는 이'라는 뜻이랍니다.

정 햇 님

약함을 통해 오는 기적

"주님, 이건 정말 주님의 기적이 없인 불가능한 일이네요!"

그토록 불가능해 보이던 합격은 현실이 되었고 기적은 일어났습니다. 칠일 째 여리고 성이 무너진 것처럼, 홍해 바다가 갈라진 것처럼.

1. 계속된 1차 시험에서의 좌절

2010년 외무고시 1차 시험을 보고 공부를 시작했고, 저는 7월부터 신림동에 와서 학원 수업을 본격적으로 듣기 시작했습니다. 2010년도 1차에서 떨어졌지만 크게 개의치 않았습니다. 근거 없는 자신감과 긍정적인 생각을 가지고 1차보다는 2차 공부에 집중했습니다.

하지만 2011년도 1차에서도 낙방하고, 마지막 도전이라고 생각한 2012년에도 연거푸 1차에서 떨어졌습니다. 더 이상은 근거 없는 자신감도 긍정적인 생각도 가질 수 없었습니다. 무엇보다 가족들과 지인들에게 면목이 서지 않았습니다. 결국 이 길은 나의 길이 아니라는 생각으로, 신림동을 떠나 인천 집으로 내려왔습니다.

2. 하나님의 인도하심

2012년 봄, 막상 집으로 왔지만 무엇을 해야 할지 막막했습니다. 취업을 위해 이곳저곳 알아보기도 하고, 유학 박람회를 찾아다니기도 했습니다. 그러던 어느 날 여느 때와 같이 새벽에 주님께 진로를 물으며 기도하는 중이었습니다. 그날따라 왠지 하나님께서 외무고시에 한 번 더 도전해 보라고 말씀하시는 것 같은 느낌을 받았습니다.

하나님의 말씀을 제대로 들은 것이 맞나 반신반의하며 집으로 왔는데 아버지께서 제게 대뜸, 외무고시에 한 번 더 도전해 보고 싶으면 그렇게 하라고 말씀을 하시는 게 아닙니까. 아버지께서는 그동안 제 취업을 바라고 계셨던 터라 정말로 의외의 허락이었습니다. 게다가 곧 외무고시가 폐지되고 국립외교원으로 대체되면서, 사실상 2013년도에 기회가 두 번 주어진다는 사실을 알게 됐습니다. 무척 좋은 기회였습니다. 저는 결국 한 번만 더 도전해 보기로 작정하고 신림동으로 다시 들어왔습니다. 작년 6월의 일입니다.

3. 기도와 응답

다시 책상에 앉았지만 영 공부가 되지 않았습니다. 생각 같아서는 그전보다 훨씬 더 열심히 할 수 있을 것 같았는데 현실은 반대였습니다. 2차는 고사하고, 1차도 자신이 없었습니다. '내가 지금 뭐하고 있나?' 하는 자괴감에 사로잡혔습니다. 그래서 다시 하나님께 여쭤보기 시작했습니다. "하나님, 신림동이 주님께서 제가 있기를 바라시는 곳이 맞나요? 공부도 너무 안 되고, 책상에 앉아 있는 것도 시간낭비만 같아요." 이렇게 새벽마다 투덜투덜 기도했습니다.

그런데 기도를 시작한 지 얼마 안 돼 학교 선배에게 문자 한 통이 왔습니다. 선배의 꿈에서 제가 여행 캐리어를 들고 마냥 좋은 얼굴로 어디론가 가고 있다는 내용이었습니다. 그 꿈을 꾼 날이 제가 신림동에 다시 올라온 즈음이었다고 했습니다. 선배의 문자를 보는 순간, 이것이야말로 계속 공부하라는 하나님의 응답이라고 생각했습니다. 외교관이라는 직업의 특성상 여행 캐리어를 들고 다닐 일이 많기 때문입니다.

얼마 후 새벽예배를 다니다가 현주라는 친구를 알게 됐습니다. 현주는 마침 같이 합격해서 새벽예배를 다니게 될 친구를 만나게 해달라고 기도하고 있었다고 합니다. 현주는 자신의 기도의 응답으로 저를 만난 것이니, 저도 꼭 합격할 것이라고 말했습니다. 저 역시 이 두 가지 우연이 모두 하나님의 응답으로 들렸습니다.

4. 회개

공부를 열심히 하기로 결심을 하자, 하나님께서는 먼저 저를 깊은 회개의 시간으로 인도하셨습니다. 약 2개월 동안 과거의 제 교만과 믿음 없음에 대해 보게 하셨습니다. 잊고 있었던 과거에 지은 사소한 죄까지도 하나님 앞에 고백하며 눈물 흘리게 하셨습니다. 이 모든 일이 매일 나가고 있던 아름다운교회의 새벽예배 시간에 일어난 일이었습니다.

모태 신앙인으로 살면서도 진정한 구원의 감격이 무엇인지 미처 몰랐던 저는, 이 과정에서 그리스도 보혈의 공로가 얼마나 귀한 것인지 비로소 알게 됐습니다. 그리하여 죄인을 향한 하나님의 값없는 은혜와 사랑에 대해 마음에서 우러난 진정한 감사를 드리게 됐습니다.

"주님, 주님은 나의 가장 큰 기쁨이요 상급입니다. 외무고시 도 필요 없고 주님과 언제나 동행하기만 하면 됩니다. 주님이 없이는 더 이상 살 수 없네요." 예배가 끝난 금요일 저녁, 저도 모르게 이렇게 울며 고백하는 자신을 발견했습니다.

5. 1차 합격과 2차 합격, 그리고 최종 합격의 기적

솔직히 1차 시험에 자신이 없었습니다. 학원에서 보는 모의 고사 성적도 좋지 않았습니다. 그래서 늘 불안했고 허공에 붕 떠 있는 느낌이었습니다. 이때 하나님께서 선물하신 현주라는 친구가 큰 위로가 돼주었습니다. 1차 시험을 보는 토요일 아침 예배당에 나와 기도를 하는데, 새삼스럽게 그동안 절 지켜주신 하나님의 은혜가 무척 커 보여서 계속 눈물이 나왔습니다. 한 참을 울고 난 후에야 가벼운 마음으로 시험장을 향해 발걸음을 옮겼습니다. 감사하게 시험장에서도 쉬는 시간마다 하나님의 도움을 받아 편하게 휴식을 취할 수 있었습니다. 말할 것도 없 이 체력 비축에 도움이 됐고, 그 결과 저는 작년보다 무려 평균 15점 이상 상승한 점수를 받았습니다.

정햇님
약함을 통해 오는 기적

다행히 그 덕분에 1차는 합격했지만, 처음 치르게 되는 2차 시험을 생각하니 앞이 또 막막해졌습니다. '불가능한 일이 아닐까?' 하는 의심이 끊임없이 들었습니다. 이번에도 제가 포기하고 싶은 생각이 날 때마다, 이런 솔직한 마음을 하나님께 고백하며 도움을 구했습니다. 그때 하나님께서 저로 하여금 저절로 여리고성이 무너졌던 기적을 떠올리게 하셨습니다.

"햇님아! 너는 여리고성을 돌기만 해라. 성을 무너지게 하는 것은 나의 일이다."

제가 해야 할 일은 주님의 말씀에 순종하여 여리고성을 도는 일뿐이라고 생각했습니다. 그러자 다시 마음이 편해졌습니다. 이렇게 순간순간 좌절감이 들게 될 때면 다시 새벽마다 하나님 앞으로 나가, 제 마음을 아뢰며 기도하는 일이 반복됐습니다. 그런데 신기하게도 그때마다, 하나님께서 매번 제게 필요한 말씀으로 저를 다시 일으켜 주셨습니다. 어떤 날은 네 시간도 채 못 잤는데, 새벽에 알람도 없이 일어날 정도로 몸이 가뿐해지는 걸 체험했습니다. 또한 예배시간에 인치승 담임 목사님의 입을 통해 "너와 약속한 것을 이룰 것이다."라는 성경말씀을 주시기도 했습니다.

그뿐만이 아니었습니다. 시험 당일 떨리는 마음으로 기도를

나도 힘들고 아프고 고통스러웠다

한 후 기다리고 있는데, 갑자기 옆에 계신 어떤 분이 큰 소리로 "딸아, 네 믿음이 너를 구원하였으니 평안히 가라!"고 외치는 소리를 듣고 깜짝 놀라기도 했습니다. 또 출제 내용을 미리 점 검하게 해달라는 중보기도를 요청했었는데, 시험 직전 우연히 읽어둔 국제경제학 요약집의 내용이 출제되기도 했습니다.

마지막 3차 면접에서도 담대함을 부어주시는 하나님의 일하 심을 강하게 느낄 수 있었습니다. 그 덕분에 저는 모든 토론과 면접을 무사히 마칠 수 있었습니다.

6. 아름다운교회의 예배, 기적의 또 다른 이름

결국 저는 기적처럼 외무고시 최종합격 통지서를 받았습니다. 사실 남들보다 절대적으로 공부 시간이 부족했던 저였습니다. 아름다운교회에서 공부를 시작한 첫 해는 공부방 교사, 두 번째 해는 전도 팀, 마지막 해에는 중고등부 교사 봉사를 했습 니다. 또 주일에는 아침부터 저녁까지 거의 교회에서 시간을 보냈기 때문에, 남들보다 공부를 더 많이 할 수가 없었습니다. 하지만 오히려 이런 부족함 때문에 저의 합격은 하나님이 하신 일이라는 것을 부인할 수 없게 됐습니다. 그만큼 하나님께서 온전히 영광을 받으신다고 생각하니 그저 감사할 뿐입니다.

정햇님
약함을 통해 오는 기적

무엇보다 불가능을 현실적으로 가능하게 만든 건 다름 아닌 '예배'였습니다. 아름다운교회의 금요예배와 새벽예배는 제게 말로만 듣던 여러 가지 기적을 실현시켜 줬습니다. 저를 변화 시킨 매 순간은 아름다운교회의 예배와 함께 찾아왔습니다. 그리고 힘 있는 하나님의 말씀을 필요할 때마다 전해 주시며 청년들을 열정적으로 이끌어 주신 인치승 담임 목사님과 기도로 도와주신 모든 성도님들께 이 자리를 빌려 진심으로 감사드립니다.

　합격을 하고 세상이 저를 어떻게 바라보든 그것과는 상관없이, 저는 제가 누구인지 잘 알고 있습니다. 제가 처음부터 끝까지 확실하게 알고 있는 유일한 것은, 저는 하나님의 형용할 수 없는 은혜로 구원받은 죄인이라는 것이며, 그 은혜 없이는 하루도 살 수 없는 사람이라는 것입니다.

　아빠 손을 잡고 쫄랑쫄랑 걸어가는 어린 딸처럼, 저 역시 주님의 손잡고 한 걸음 한 걸음 그렇게 겸손히 걸어가길 소망합니다.

나도 힘들고 아프고 고통스러웠다

김혜림

아, 정말 예배가
살아 있구나!

얼마 전 목사님께서 설교하셨던 것처럼 우리의 아름다운교회가 축복의 장소라는 것이, 한 주 한 주 시간이 지날수록 몸으로 느껴집니다. 이렇듯 아름다운교회를 만나게 해주신 하나님의 은총에 온 마음으로 감사드립니다.

지금 이 순간에도 우리의 마음과 생각을 다 보고 다 듣고 계신 하나님께서 우리에게 말씀하십니다.

행복한 사람은

나쁜 사람들의 꼬임에 따라가지 않는 사람입니다.

행복한 사람은

죄인들이 가는 길에 함께 서지 않으며,

빈정대는 사람들과 함께 자리에 앉지 않는 사람입니다.

김혜림

아, 정말 예배가 살아있구나!

그들은 여호와의 가르침을 즐거워하고,

밤낮으로 그 가르침을 깊이 생각합니다.

그들은 마치 시냇가에 옮겨 심은 나무와 같습니다.

계절을 따라 열매를 맺고 그 잎새가 시들지 않는 나무와 같습니다.

그러므로 그가 하는 일마다 다 잘 될 것입니다.

〈시편 1:1~3〉

하나님께서 오늘을 선물로 주셔서 살아 있는 우리에게, 기도하기를 쉬는 것은 죄라고 하십니다. 그래서 저 역시 오늘도 기도합니다. 여러분도 함께 기도의 특권을 누림으로써 더욱 행복해지는 우리들과 아름다운교회가 되기를 기도합니다.

1. 뜨거운 찬양과 뜨거운 기도가 가득가득한 교회

맨 처음 신림동에 방을 구하러 왔을 때가 생각납니다. 친구가 자기 동네 교회에서 새벽기도를 같이 다니자는 말에 무작정 신림동으로 이사하기로 했는데, 사실 제가 처음 든 생각은 '하나님, 두렵습니다!'였습니다. 하나님은 늘 어디에나 계시지만, 아직 신실한 믿음을 갖지 못한 제게는 낯선 곳에서 신앙생활을 새롭게 시작하고 혼자 공부해야 한다는 것이 큰 부담이자 모험

나도 힘들고 아프고 고통스러웠다

이었습니다. 다행히 하나님의 보살핌 속에서 무사히 방을 구하고 신림동 생활을 시작하게 됐습니다. 그리고 그 첫 주에 친구와 함께 아름다운교회의 새벽예배, 수요예배, 금요예배를 모두 참석했습니다.

한마디로 그곳에서 제가 목격한 모든 광경은 충격 그 자체였습니다. '주보와 교회 신문에 써놓은 글들이 그냥 써놓은 게 아니었구나. 어쩌면 이 이른 새벽에 청년들이 이렇게 많이 참석할 수가 있지?' 하는 생각이 들었습니다. 뿐만 아니라 예배시간마다 정말 열성적으로 열심히 기도하는 성도들, 예배시간마다 가득가득 채워지는 자리들, 뜨거운 찬양과 뜨거운 기도, 재미있고 은혜로운 말씀들…. 마치 잘 만들어진 영화 속의 한 장면 같았습니다. 바로 앞에서 보고 있는데도 믿을 수가 없고, 매 광경이 놀랍도록 감동적이어서 가슴이 막 뛰었습니다.

2. 예배가 살아 있는 교회

특히 아름다운교회의 모습 중 제가 가장 반한 것은 '예배가 살아 있다.'는 점입니다. 처음에는 새벽기도를 친구와 함께 아름다운교회에서 다닌다 할지라도, 정식 등록은 여기저기 다른 교회도 다녀본 후 해야겠다는 생각이었습니다. 그러나 예배에

김혜림
아, 정말 예배가 살아있구나!

참석하면 할수록 저항할 수 없는 힘⑴과 예배의 매력⑴에 끌려, 당장 일주일 만에 교회 등록을 마쳤습니다.

그리고 새 가족반과 셀 모임에도 모두 참여했습니다. 친구가 있긴 했지만 친구 빼고는 아는 사람이 거의 없는 낯선 곳에서 혼자서만 생활하다 보니, 주중에는 많이 지치고 힘들었습니다. 그런 저를 불쌍히 여기시고 예배시간마다 주님께서 어루만져 주시고 위로해 주셨습니다. 주님의 따뜻하고 은혜로운 손길을 예배시간마다 직접 느끼게 되니 이보다 더 좋을 수가 없었습니다. 참으로 오랜만에 느껴보는 평온한 행복이었습니다.

3. 항상 공부하는 교회

또 새 가족반에서 배우는 성경 공부와 새로운 사람들과의 만남도 정말 좋았습니다. '못된 신앙'이라 불리는 모태 신앙의 길을 밟아오던 제게는 매우 신선한 자극이었습니다. 부끄럽게도 평생 펴본 성경보다 단 한 번도 펼쳐보지 않은 말씀이 훨씬 더 많았다는 것을 깨달았습니다. 새 가족반에서 배우는 말씀은 이미 수없이 들어본 내용들까지도 다 새롭게 다가왔습니다.

저는 '아, 이제는 내가 말씀에 의지해 살아야겠다. 하나님이 내게 어떤 말씀을 하시는지 듣고 싶다. 성경 속 믿음의 선배들은 하나님과 어떻게 친밀하게 지내고 대화했나 보자.'는 생각이 들 정도로 호기심이 일었습니다. 이후부터는 성경말씀이 너무 궁금해서 견딜 수가 없게 됐습니다. 그래서 요즘은 시도 때도 없이 궁금증이 생길 때마다 성경책을 펼치게 됩니다. 정말이지 예전에 저는 성경이 이렇게 재미있는 책인 줄 미처 몰랐습니다.

여기에 더해 항상 기도할 수 있는 교회 분위기 덕분에, 스스로 작정한 시간에 항상 주님 앞으로 나가는 습관을 들일 수 있었습니다. 마치 하나님께서 말씀과 기도로 저를 무장시키시기 위해, 아름다운교회에 데려다놓으신 것 같았습니다.

4. 하늘 창고에 보물을 쌓는 교회

또 결코 빼놓아서는 안 되는 것이 셀 모임! 사랑이 가득하다고밖에 표현할 수 없어 안타까울 정도입니다. 정말 무지무지 좋습니다. 처음에 참여하면서는 '일주일에 한 번씩만 만나는데 어느 세월에 친해지나?' 하고 속으로 걱정했는데, 지금은 그 시간이 매우 특별하고 그 시간이 정말 즐겁습니다. 삶의 이야기를 나눌 때면 셀 식구들 모두가 열심히 들어주고 같이 기도해 줍니다. 이것만으로도 큰 힘이 되고 위로가 되며 그들의 사랑이 느껴집니다.

김혜림
아, 정말 예배가 살아있구나!

이제 저에게는 작은 소망이 생겼습니다. 우리 아름다운교회에서 몇 년이고 주님께 영광을 돌리고, 작은 봉사로나마 하늘 창고에 보물을 쌓고 싶은 소망입니다. 주님께서 앞으로 저의 길을 어떻게 인도하실지 모르지만, 저는 지금 이렇게 아름다운 교회의 은혜의 자리에 제가 있다는 것만으로도 무척 행복하고 고맙습니다. 교회가 정말 사랑스러워서 이 사람 저 사람에게 맘껏 자랑하고 싶을 정도입니다.

우리 삶에 언제나 좋은 일만 생길 수는 없을 것입니다. 그러나 늘 희망을 품을 수는 있겠지요. 희망은 품는 자들이 성취하는 것이라고 알고 있습니다. 너무나 분주하여 하나님을 잠시 잊으면 우리 마음에서 희망도 사라지는 것을 경험하곤 했으니까요. 하나님은 작게, 문제와 일은 크게 느껴져서 더 힘들어졌던 시간들. 앞으로는 저뿐 아니라 여러분 모두가, 어떤 문제들 속에서도 하나님이 주시는 희망을 꼭 품는 시간이 되시기를 기도합니다.

모두모두 주님 안에서 사랑하고 축복합니다!

이효정

진리를 알지니,
진리가 너희를 자유케
하리라

1. 하나님의 자녀로 사는 특권

3년 전까지만 해도 저는 겉으로 보기에 아무 문제가 없는 사람처럼 보였습니다. 자상하고 인격적인 남편과 건강한 아이들, 게다가 경제적으로도 여유 있고 활달한 성격 탓에 이웃들과도 좋은 관계를 유지했습니다. 하지만 그 삶의 이면에는 언제나 공허함과 괴로움이 빼곡하게 쌓여 있었습니다. 아무리 떨쳐내려 해도 제 힘으로는 역부족이었습니다.

제 나이 스물일곱 때 엄마가 돌아가신 후부터 머릿속을 떠나지 않는 의문들이 있었습니다. '사람은 왜 태어나고, 어디서 와서 어디로 갈까? 나는 누구인가? 진리란 무엇일까?' 등등의 의문들로 저의 영적 방황은 길어졌고, 출산 후 찾아온 산후 우울증으로 '지금 내가 갖고 있는 이 의문들을 나중에 우리 아이들

이효정
진리를 알지니, 진리가 너희를 자유케 하리라

이 물으면 어떻게 답해줘야 하나?' 하는 생각 때문에 방황의 강도는 더욱 커졌습니다.

나름대로 답을 얻고자 수많은 비기독교 서적들과 뉴에이지 New Age, 명상, 마음수련 단체 등에서 공부도 하고 훈련도 했지만, 오히려 혼란만 더해질 뿐 답을 얻을 수는 없었습니다. 이런 삶에 지쳐갈 즈음에 평소 가깝게 지내던 언니가 "아름다운교회를 딱 네 번만 가보자!"고 권했습니다.

유독 기독교와 교회에 냉소적이었던 저는 속으로 강한 거부감과 부담감을 갖고 있었습니다. 하지만 평소 친하게 지내던 언니의 부탁이었기 때문에 '그래, 언니 말대로 딱 네 번만 가주자. 그러면 다시는 귀찮게 안 하겠지.'라는 생각으로 언니를 따라갔습니다. 그런데 바로 그 첫걸음이 평생을 하나님의 자녀로 살게 되는 특권을 받는 계기가 됐습니다.

2. 그 어떤 것들과도 비교할 수 없는 평안

아름다운교회에서 드리게 된 첫 예배의 찬양과 그때의 열기를 아직도 잊을 수 없습니다. 더불어 모든 예배를 인도하시는 목사님을 보고 나서는 무척이나 감격했습니다. 그때부터 오매불망 주일이 기다려졌습니다. 그러나 정작 말씀시간에는 잡념에 빠져 예배를 잘 드리지 못 했습니다.

여전히 갖고 있는 수많은 의문들과 불신앙 체질, 거기에 오랜 시간 동안 비기독교적 사상과 교리 등을 접하고 있었기 때문에 당연히 예수님과 십자가, 죄 사함 등의 내용이 믿어지지 않았습니다. 좀 더 정확히 말하자면 어떻게, 어디서부터 믿어야 할지 몰랐던 것입니다.

그런데 놀랍게도 어느 순간부터 말씀이 들려오기 시작하더니, 목사님께서 강조하시는 기도생활을 실천하게 됐습니다. 특히 새벽예배를 드릴 때 강권적인 성령의 역사로 저의 오랜 의문에 대한 답을 찾을 수 있었습니다. 도저히 제 이성과 노력으로 이해할 수 없는 진전과 변화들이 일어났습니다. 그 순간 하나님께서 결코 저항할 수 없는 신비롭고 아름다운 힘으로, 저를 인도하고 계시다는 것을 깨달을 수 있었습니다. 그것은 지금껏 제가 경험해 온 그 어떤 것들과도 비교할 수 없는 절대적인 평안이었습니다.

3. 자아를 회복하다

그동안 하나님을 모른 채 세상과 연합해 살아온 지난 삶을 뒤돌아보니, 무척 충동적이고 다스려지지 않는 감정과 죄를 사랑

하는 부패된 자아가 보였습니다. 그러나 그것들을 도무지 회복
시킬 능력이 제게는 없다는 절망감이, 오히려 저를 기도의 자
리로 인도해 줬습니다.

오랜 시간 기도하면서 제 의지와는 상관없이 "하나님, 살려주
세요!" 하며 거의 비명에 가까운 탄식 기도가 터져 나왔습니다.
그런데 머릿속으로는 '뭐야 이게? 뭘 살려달라는 거야? 창피하
게 목소리는 왜 이렇게 커!' 하며 변화받기 전의 생각들이 강력
하게 저항했습니다. 이런 강력한 저항에도 불구하고 하나님의
은혜가 더 강력하게 제게 임했습니다. 그 결과 탄식과 눈물의
기도는 끊이질 않았고, 생각과 감정은 점점 통제되어 갔습니다.

4. 내 삶을 변화시켜 주신 예수님

그 변화의 중심에 예수님이 계십니다. 세계 4대 성인 중 한
사람으로만 여겼던 그분이 나와 상관있음을 알게 되고, 그분을
사랑하게 됐습니다. 목사님께서 전하시는 말씀과 성령님의 도
우심과 기도로 저는 예수님을 더욱 알아가고 그분의 성품을 닮
아가며, 그분이 내 삶을 변화시켜 주실 나의 구원자 되시고 내
진정한 주인이 되어달라고 기도했습니다. 이런 과정들이 거저
얻어지지는 않았습니다. 하나님이 주시는 은혜는 크지만, 제

내면에 있는 깊은 불신앙과 죄의 성품들은 저를 하나님으로부터 멀어지게 만들었습니다. 그러나 저는 목사님께서 전하시는 말씀에 순종하며 살아가는 것이 제일 편한 길이라는 것을 깨닫고, 그대로 살아가기로 결심했습니다.

요즘도 간혹 방황할 때가 있긴 합니다. 또 기도를 하면서도 변하지 않는 나쁜 습관과 죄에서 완전히 돌아서지 못하는 저 자신에 대해 회의감이 들기도 합니다. 성령의 열매사랑, 희락, 화평, 오래 참음, 자비, 양선, 충성, 온유, 절제를 맺지 못하는 자신을 보며 '내가 지금 뭐하고 있나?' 하는 절망감을 느낄 때도 있습니다. 그러나 그래도 예수님을 알기 전의 제 모습과 비교해 보면, 너무나 달라진 지금의 삶에 기쁨과 감사가 넘쳐흐릅니다.

5. 아름다운교회에서의 행복하고 즐거운 신앙생활

예수님 알기 전의 제 모습을 떠올리면 생각나는 두 가지 영상이 있습니다. 하나는 깜깜한 우주를 떠돌아다니는 우주 미아이고, 다른 하나는 시커먼 밤바다에 표류하는 난파선입니다. 이 두 영상이 저의 과거를 그대로 보여주고 있습니다. 참으로 끔찍합니다. 그러나 지금은 영원한 생명을 얻었고, 하나님 아버지의 품 안에서 사랑받고 있고, 믿음 안에서 성장하고 있으며,

이효정
진리를 알지니, 진리가 너희를 자유케 하리라

하나님의 말씀의 빛이 비추는 곳이 곧 제가 가야 할 곳임을 아는 자로 거듭났습니다. 마치 이 말씀이 제 삶을 통해 성취되어 가는 것 같습니다.

진리를 알지니 진리가 너희를 자유케 하리라.

〈요한복음 8:32〉

아름다운교회는 제 삶의 자랑거리입니다. 제가 전도한 분이 제게 "이런 교회로 인도해 줘서 두고두고 감사하다."라는 말씀을 해주셨고, 제 친언니도 저와 같이 우리 교회를 다니면서부터 성령님의 도움으로 거듭나 삶이 완전히 변화되는 것을 옆에서 지켜보고 있습니다.

더욱 감사한 것은 무척이나 귀하고 사랑하는 세 아이들이 과거에 제가 가졌던 의문들에 대해 물었을 때, 이제는 자신 있게 대답해줄 말을 갖고 있다는 것입니다. 그래서 정말 행복합니다. 얼마 전 제 행복지수를 테스트했는데 놀라운 결과가 나왔습니다. 대한민국 국민 평균지수가 64점이라고 하는데 저는 무려 87점이나 나왔습니다. 그 비결은 바로 '아름다운교회에서의 행복하고 즐거운 신앙생활'이라고 자신 있게 말할 수 있습니다.

김 태 규

놀라움의
연속이었습니다

"놀란 만큼 사랑하게 된다!"

곰곰이 생각해 보면 누군가를 사랑할 때는, 그에 대해 놀란 만큼 사랑하게 되는 것 같습니다. 그것이 외모든 성격이든 능력이든 변함없는 사랑이든, 사랑의 출발은 언제나 놀람에서부터 비롯된다고 생각합니다.

지난 한 달간 제게 있어 아름다운교회가 그러했습니다. 정말로 놀라움의 연속이었습니다. 아름다운교회는 이제 제게 하나님 사랑의 진정한 출발점이 돼주었습니다.

1. 첫 번째 놀라움

대구에서 살다가 올라온 저는, 제가 몸담았던 대구의 교회 목사님 소개로 아름다운교회를 알게 됐습니다. 목사님을 통하여 아름다운교회가 사시 합격생이 많은 교회로 명성이 자자하여, 신문에도 났다고 들었습니다. 대구 교회 목사님은 이왕이면 합격생 많은 교회에 다니면서, 수험 노하우도 전수받으면 좋지 않겠느냐고 하셨습니다. 전 일단 한번 들러보고 난 후에 결정하기로 마음먹었습니다. 당시에는 교회 관련된 책을 죽 훑어보면서 그동안 흠모해 왔던 S교회, N교회 등도 한 번씩 다 가보고 교회를 정해야겠다고 생각하고 있었습니다.

첫날, 조금은 어색한 발걸음으로 아름다운교회에 들어섰습니다. 일단 사람들이 밝아 보여 좋았습니다. 제가 그곳에서 제일 처음 놀란 것은 새 가족 등록자 수였습니다. 지역 특성상 다른 지역에 비해 방문자가 꽤 많았습니다. 그들 모두가 다 정착하지는 못한다고 하더라도, 300명에 가까운 등록자 수는 가히 충격적이었습니다. 제가 한 번도 상상해 보지 못했던 숫자였습니다.

2. 두 번째 놀라움

예배가 시작되고 성가대의 아름다운 찬양에 두 번째로 놀랐습니다. 찬양에 이어 곧바로 시작된 목사님의 말씀 역시 감동적이었습니다. 에스더 본문으로 말씀하셨는데 "하나님이 내게 주신 모든 것은 나만 살기 위한 것이 아니라 다른 사람도 살리기 위해 주셨다."는 내용이었습니다.

특히 감동적이었던 영화 〈쉰들러 리스트〉의 마지막 장면쉰들러 에 의해 생존한 실제 유태인들의 현화 모습을 볼 때는, 저 역시 뜨거운 사명감으로 많은 사람을 살리고 하나님께 영광을 돌리는 삶을 살겠노라고 결단하기도 했습니다.

3. 세 번째 놀라움

저는 예배에서 큰 은혜를 받은 후 새벽기도를 시작하기로 마음먹었습니다. 새벽예배에 참석한 첫날, 이번에도 그야말로 제대로 놀랐습니다. 본당을 거의 꽉 채운 성도들 때문이었습니다. 더구나 많은 수가 청년들이었습니다. 속으로는 '무슨 특별 새벽기도 기간도 아닌데, 사람들이 왜 이렇게 많지? 시험이 가까워져서 그러나?' 하고 의아해하며 자리에 앉았습니다.

이후에도 놀라움은 계속됐습니다. 주일 대예배 설교에 버금가는, 아니 그 이상의 분량과 시간과 정성으로 말씀하시는 목사님을 보며 또 제대로 놀랐습니다. 이윽고 목사님 말씀 이후에 터져 나온 사람들의 뜨거운 기도에도 한 번 더 놀랐습니다.

이렇게 계속 놀라다 보니 어느덧 이 교회가 사랑스러워졌습니다. '하나님이 좋아하실 효자 노릇만 하는 교회에 나도 함께 할 수 있으면, 나 역시 하나님께 효자가 될 수 있겠구나.' 하는 생각이 들었습니다. 얼굴에서는 저도 모르게 연신 미소가 흘러나왔고, 기분까지 업이 되는 것 같았습니다. 저는 곧바로 등록하기로 결심했습니다.

4. 네 번째 놀라움

등록을 하고 난생 처음으로 새 가족반에서 교육을 받으며 새내기 수업에 참여했습니다. 인상 좋으신 전도사님과 어머님 같은 권사님이, 항상 정성으로 새 가족들을 섬기셨습니다. 전도사님의 말씀에 따르면 아름다운교회는 건물이나 외형은 그다지 자랑할 게 없지만, 그보다 백배는 멋있는 진짜 보물들이 숨겨져 있다고 했습니다.

목사님! 성도! 예배! 이것만큼은 언제 어디서든 자랑할 수 있다고 하셨습니다. 자부심이 가득한 전도사님의 말투 속에서 아름다운교회에 대한 사랑과 긍지가 듬뿍 묻어났습니다. 듣고 있던 저까지 기분 좋게 고개를 끄덕일 정도였으니까요. 그래서 저도 한번 지난 며칠간 보아왔던 아름다운교회에 대하여 찬찬히 생각해 봤습니다.

새벽예배를 포함한 모든 예배에 한 시간 일찍 나오셔서 준비하시는 목사님!

성도들에게 미안하다며 월요일 휴일도 반납하고 사역하는 목회자가 있는 교회!

새 가족반 교육을 마치고 다 식어버린 늦은 점심을 제일 맛있다며 드시는 권사님과 전도사님이 계신 교회!

새벽마다 반주로, 미디어로, 기도로, 자발적으로 헌신하는 성도가 있는 교회!

정말로 이 교회가 참 사랑스럽게 느껴집니다. 앞으로도 이름처럼 아름다운교회로, 그리하여 하나님의 사랑으로 날마다 더 아름다워지는 교회가 되길 소망합니다. 저도 그 안에서 더욱 아름다워지기를 바라며, 아래의 성경말씀으로 갈무리할까 합니다.

형제들아!

우리가 너희를 위하여 항상 하나님께 감사할지니

이것이 당연함은 너희의 믿음이 더욱 자라고

너희가 다 각기 서로 사랑함이 풍성함이니.

〈데살로니가후서 1:3〉

김태규
놀라움의 연속이었습니다

노 은 희

측량 못할
하나님의 사랑

할렐루야! 하나님의 영광이 가득한 계절입니다.

처음 어렵게 교회에 다시 발을 들이게 됐을 때만 해도 앙상하던 나무들이 눈에 띄었는데, 어느덧 푸르른 녹음이 짙어져 가는 모습을 봅니다. 주님 인도하신 길을 따라 시험을 준비하기 위해 신림동에 들어왔지만, 주님 뜻과 다르게 세상 속에서 허우적거리던 저를 위해 하나님께서는 아름다운교회를 예비해주셨습니다.

역시 기다리는 사람, 찾는 사람에게는 복이 있습니다. 하나님, 감사합니다!

1. 죽은 믿음
주님께서 저를 아름다운교회로 이끄셨고, 그 안에서 주님의

노은희
측량 못할 하나님의 사랑

사랑을 다시 한 번 확인시켜 주셨습니다. 온전하지 못한 믿음 생활의 연속으로 자주 시험에 들어, 무너져 내리기 일쑤였던 사람이 바로 저였습니다. 아름다운교회는 그런 제게 기도와 말씀으로 승리하는 방법을 알려줬습니다. 하나님께서는 아름다운교회 안에서 믿음의 동역자同役者들을 제게 보내주셔서, 이 험한 세상 가운데 서로를 위해 기도할 수 있게 해주셨고, 실천이 없으면 곧 죽은 믿음이라는 사실을 일깨워 주셨습니다.

나의 형제 여러분, 누가 믿음이 있다고 말하면서

실천이 없으면 무슨 소용이 있겠습니까?

그러한 믿음이 그 사람을 구원할 수 있겠습니까?

어떤 형제나 자매가 헐벗고 그날 먹을 양식조차 없는데,

여러분 가운데 누가 그들의 몸에 필요한 것은 주지 않으면서,

'평안히 가서 몸을 따뜻이 녹이고 배불리 먹으시오.'

하고 말한다면 무슨 소용이 있겠습니까?

이와 마찬가지로 믿음에 실천이 없으면 그러한 믿음은 죽은 것입니다."

〈야고보서 2:14~17〉

그렇습니다. 사망 가운데 쓰러져 있던 저를 주님께서 늘 주

나도 힘들고 아프고 고통스러웠다

님께 다시 나아갈 수 있게 인도해 주셨습니다. 약한 믿음 때문에, 부족한 기도 때문에, 제가 시험에 들 때마다 주님께서는 용서하시고 또 용서하시고 저를 절대로 포기하지 않으셨습니다. 또한 하나님께서는 성령 충만한 예배에 저를 참여시켜 주셨고, 그 예배를 통해서 주님의 위로를 얻도록 도와주셨습니다. 말씀으로 세상 속에서 무너지지 않게 세워주셨고, 늘 잊지 않고 바로잡아 주셨습니다.

2. 할렐루야, 주님!

주님의 이름을 더욱 찬양하고 싶다고 기도한 제게, 주님은 마음껏 찬양할 수 있는 기회를 주셨습니다. 예배당을 가득 채우고 넘치는 주의 군사들과 함께 열정으로 찬양하며 그 안에서 주의 영광을 보게 하셨습니다.

그대가 예수님은 주님이시라고 입으로 고백하고,

하느님께서 예수님을 죽은 이들 가운데에서 일으키셨다고

마음으로 믿으면 구원을 받을 것입니다.

곧 마음으로 믿어 의로움을 얻고, 입으로 고백하여 구원을 얻습니다.

〈로마서 10:9~10〉

노은희
측량 못할 하나님의 사랑

늘 주님은 세상에서 저 홀로 남았다고 좌절하고 죽음의 문턱에 있을 때마다, 잊지 않고 저를 건져주시고 구원해 주셨습니다. 이 환란과 고통 속에서도 주의 축복을 받게 하셨습니다. 더욱 더 기도에 힘써야 하는 저를 주님께서 우리 아름다운교회로 이끄셔서 기도의 훈련을 받게 하셨고, 그 기도의 능력을 보여 주셨습니다. 할렐루야! 주님, 감사합니다.

3. 믿음은 들음에서 들음은 그리스도의 말씀으로

이전까지는 주님에 대한 작은 지식도 없던 저였습니다. 주님의 사랑을 저는 그동안 너무나 당연한 것으로만 여겨왔습니다. 그래서 귀한 주님의 말씀도 그냥 간과해 버렸습니다. 그런 저를 주님께서는 새 가족반 교육을 통해 깨닫게 해주셨습니다. 새 가족반 교육을 받으면서 그동안 정확하게 알지 못했던 하나님에 대해 차분히 알게 됐습니다.

정말로 큰 은혜를 받았습니다. 하나님의 말씀을 사람이 전부 이해할 수는 없다는 핑계로 성경책을 멀리하고, 교리에 대해 어렵다고만 생각해 온 저였습니다. 제가 다시 성경책을 부여잡고 우리 주님을 알고 싶도록 만들어 주셨습니다. 모든 지식과 지혜와 명철의 근본 역시 하나님이심을 알게 하셨습니다.

믿음은 들음에서 오고

들음은 그리스도의 말씀으로 이루어집니다.

〈로마서 10:17〉

4. 늘 한결같은 사랑을 퍼부어 주시는 하나님

종종 주님을 원망했을 때도, 시험에 들어 헤어 나오지 못했을 때도, 항상 늘 같은 자리에서 저를 위해 기도하시는 주님의 모습을 저로 하여금 깨닫게 하셨습니다. 눈물로 회개하며 주님께 돌아오게 하셨고, 주님께 돌아오면 늘 한결같은 사랑을 또다시 변함없이 퍼부어주셨습니다.

네가 물 가운데 건너갈 때에 함께 있겠다.

네가 불 속에 걸어가도 내가 보호하리라.

〈이사야서 43:2〉

목마른 사슴이 시냇물을 찾듯, 길 잃은 아이가 부모님을 찾는 것처럼, 하늘의 도움을 기다리는 우리에게 주님이 하신 말씀입니다. 측량 못할 사랑을 주신 하나님께 온 마음을 다해 사랑의 고백과 찬양을 드립니다.

노은희
측량 못할 하나님의 사랑

아름다운교회의 예배에서는 뜨거운 찬양과 주님을 향한 기도와 성령의 교통하심을 느낄 수 있었습니다. 제가 하나님의 자녀임을 늘 끊임없이 하나님의 품속에서 고백하며 나아갈 수 있는 귀한 시간들이기도 했습니다. 은혜 넘치는 예배와 뜨거운 찬양, 능력 있는 기도를 할 수 있는 은혜를 주심에 우리 주 예수 그리스도의 이름으로 감사와 찬양을 드립니다. 그리고 다시 한번 반석 위에 세워진 이 아름다운 집에서 주님을 사랑한다는 고백을 합니다. 하나님, 사랑합니다!

나의 이 말을 듣고 실행하는 이는
모두 자기 집을 반석 위에 지은 슬기로운 사람과 같을 것이다.
비가 내려 강물이 밀려오고 바람이 불어 그 집에 들이쳤지만
무너지지 않았다. 반석 위에 세워졌기 때문이다.
그러나 나의 이 말을 듣고 실행하지 않는 자는
모두 자기 집을 모래 위에 지은 어리석은 사람과 같다.
비가 내려 강물이 밀려오고 바람이 불어 그 집에 휘몰아치자
무너져 버렸다. 완전히 무너지고 말았다.
〈마태복음 7:24~27, 루카 5:46-49〉

나도 힘들고 아프고 고통스러웠다

강선호

하나님 떠나니
불행의 연속,
예배드리니
놀라움의 연속

아름다운교회에서 드렸던 첫 예배 때의 감동을 잊을 수가 없습니다. 흐르는 눈물 속에 하나님을 떠나 힘들었던 순간들이 영화 속 장면들처럼 지나갔습니다.

하나님을 떠난 삶, 불행의 연속

저는 초등학교 4학년 즈음부터 부모님의 권유로 교회에 나갔습니다. 성장해 결혼하고 부모님이 소천 하신 후에는 교회를 여러 이유로 떠났습니다. 교회 직분이 있던 분들로부터 마음의 상처를 받은 것이 계기였습니다. 연이어 찾아온 불행도 이유였습니다. 복막투석을 하시던 어머니가 갑자기 돌아가시고 2년도 안 돼 아버지가 폐렴합병증으로 돌아가셨습니다. 게다가 두 번이나 세무조사를 받게 되고 대상포진과 우울증, 알코올 중독까지 겹치자 교회에 나가는 이유에 대해 회의가 들었습니다. 그저 죄 짓지 않고 착하게 살면 된다는 생각으로 하나님 곁을 떠났습니다. 거의 매일을 술에 취해 잠들었습니다. 아니 맨 정신에는 잠을 못 잤습니다. 이때쯤 제가 모시던 교수님까지 세상을 떠나셨습니다. 저는 특히 '라인'이 중요한 예술계에 있는지라 믿고 의지하던 교수님의 죽음은 곧 절망이었습니다. 앞날은 불투명해졌고 저는 어릴 때부터 하던 그림도 중단하고 결국 손을 놓았습니다. 세상에서 제가 할 수 있는 일은 아무것도 없었고 세상을 살아갈 자신도 없었습니다. 마침내 공황장애까지 겪게 됐습니다. 우여곡절 끝에 그림을 다시 시작해 2010년 11월 조촐하게 개인전을 열었습니다. 개인전을 마치고 사흘쯤 지났는데 아들이 머리가 아프다고 했습니다. 동네 병원을 다녀왔지만 차도는 없었고 아들은 먹지도 못할 정도로 증세가 심해졌습니다. 불길한 느낌에 다급히 보라매병원으로 달려갔고 검사 결과 아들의 머리 오른쪽에서 7cm가 넘는 종양이 발견됐습니다. 그날은 결혼 10주년이었습니다. 마음은 더욱 아팠습니다. 이틀 뒤 수술 날짜가 잡히고 12시간에 걸친 수술이 진행됐습니다. 당시 아들은 마침 수술 일정이 비어 있어서 빨리 수술을 받을 수 있었습니다. 아들의 종양은 '상의세포종'으로 암 2기와 3

나도 힘들고 아프고 고통스러웠다

기의 중간 단계였습니다. 다행히 아들은 놀랍게 회복해서 수술 10일 만에 퇴원했습니다. 병원에서는 이후 방사선치료를 꼭 받으라고 당부했습니다.

아름다운교회와 만남, 예배를 드리자 기적이 시작됐다

아들이 퇴원을 한 그 주 주일날 이전에 와본 적이 있던 아름다운교회로 온 가족이 나와 예배를 드렸습니다. 얼마 후 교회에서 특별새벽예배를 시작했고 저희 가족은 새벽예배에 참석해 아들의 방사선치료를 위해 기도했습니다. 기도했더니 장인어른 사촌의 친한 친구 분이 서울대병원 방사선과장으로 계신 것을 알게 됐고 치료를 받을 수 있게 됐습니다. 치료 시간도 제가 아들을 데리고 다닐 수 있도록 오전에 잡혔습니다. 온 가족이 새벽예배를 참석하고 서울대병원으로 갔습니다. 방사선치료의 부작용인 탈모와 식욕부진도 해결됐습니다. 무려 40번의 방사선치료 기간 동안 식욕부진은 없었고 새끼손톱만큼의 탈모만 남긴 채 무사히 치료가 마무리됐습니다. 모든 것이 기도한 대로 이뤄졌습니다. 하나님이 아들의 병을 계기로 저희 가족을 교회로 다시 부르셨음을 느꼈습니다. 제게 제일 소중한 아들조차 데려 가실 수 있음을 보여주신 것 같았습니다. 예배 중에 '간

강선호
하나님 떠나니 불행의 연속, 예배드리니 놀라움의 연속

증'을 하라는 말씀이 자주 귀에 들어오는 날이 많아졌습니다. 그래서 제게 있었던 일과 아들의 수술, 치료 동안에 벌어진 내용 등을 써서 목사님께 드리려고 주일날 예배 때 가지고 갔습니다. 그러나 여전히 창피한 마음과 '굳이 얘기 안 해도 될 텐데'라는 생각이 들었습니다. 예배 시작 전에 이런 제 마음을 놓고 기도드렸습니다. 그날 설교 말씀의 주제는 '실패하는 자가 꼭 해야 할 일'이었습니다. 설교 내용 중에 자존심과 체면을 극복하라는 말씀이 있었습니다. 저는 예배 후에 간증 내용을 목사님께 제출했습니다.

하나님께 기도하는 삶, 놀라움의 연속

저는 또 하나의 고민이 있었습니다. 앞으로 무엇을 해야 하는지에 대한 고민이었습니다. 그림을 다시 시작하고 싶었지만 자신이 없었습니다. 때마침 그 즈음 설교 중에 '자신감'에 관한 말씀이 많았습니다. 신앙생활의 자세에 대해서도 많은 말씀을 들었습니다. 핵심은 새벽예배와 금요예배 그리고 기도의 중요성이었습니다. 하나님을 자주 만날수록 도움을 받는다는 목사님 말씀대로 예배에 자주 참석코자 노력했습니다. 열심히 예배에 참석하며 기도했던 내용은 그림을 다시 시작하고 싶다는

것, 미국에서 개인전을 하고 싶다는 것, 좋은 친구를 만나게 해
달라는 것 등이었습니다. 하나님은 기도를 들어주셨습니다.
2011년 말 쯤 고등학교를 졸업한 뒤 24년 만에 친구들을 만났
는데 미술협회에 있는 두 명의 친구와 사업을 하던 한명의 친
구였습니다. 이들의 도움으로 그림을 시작했습니다. 초대 개
인전도 열었습니다. 하나님의 은혜로 전혀 다른 종류의 그림을
그리게 되었습니다. 하나님께서 역사하심을 가슴 깊이 느꼈습
니다.

　이후 놀라운 일은 계속됐습니다. 2013년 초 미국에 살던 대
학동기를 통해 생각지 않게 대학교 조교 시절 알던 교수님과
연결됐습니다. 17년 만에 연락이 닿은 교수님의 소개로 갤러리
관장님이 저의 프로필과 작품을 보지도 않으시고 초대전을 결
정해주셨습니다. 덕분에 미국 로스앤젤레스에 있는 갤러리와
초대전이 성사됐습니다. 초대전이 결정되자 준비를 위해 기도
했습니다. 당장 비자문제부터 걸렸습니다. 예전에 저는 뉴욕을
가려다 비자 발급을 거부당한 적이 있어서 걱정이 많았습니다.
비자 인터뷰를 하는 날 세 명의 영사 중 이해심이 많은 한국계
영사한테 인터뷰를 받게 됐습니다. 문제없이 비자를 받았습니

다. 하나님이 하나하나 놀랍게 역사해주심을 느꼈습니다. 그림을 운송하는 과정에서 드는 비용도 적게 낼 수 있도록 도와주셨습니다.

예배와 기도, 기적의 열쇠… 은혜 주신 하나님께 경배와 찬양을!

미국에 입국하기 전에 통풍이 찾아와 고생했습니다. 아직 끊지 못한 술을 끊게 하시려 통풍을 주신 것 같았습니다. 통풍 덕에 마시던 술을 완전히 끊었습니다. 출국 일주일 전 담임 목사님의 안수기도를 받고 건강한 몸으로 출국했습니다. 저는 아름다운교회에서 신앙생활을 하면서 많은 기도의 응답과 은혜를 받았습니다. 신앙생활에서 가장 중요한 '예배'와 '기도'를 배우고 또 배운 대로 실천하고자 노력했습니다. 성경대로 가르치시며 예배와 기도의 중요성을 알게 해주신 인치승 담임 목사님, 은혜가 넘치는 아름다운교회를 만난 건 모두 하나님의 은혜입니다. 많이 모자란 제게 은혜를 주시고 꿈과 희망을 주신 하나님을 경배하고 찬양합니다.

'행복에너지'의 해피 대한민국 프로젝트!
〈모교 책 보내기 운동〉

대한민국의 뿌리, 대한민국의 미래 **청소년·청년**들에게 **책**을 보내주세요.

많은 학교의 도서관이 가난해지고 있습니다. 그만큼 많은 학생들의 마음 또한 가난해지고 있습니다. 학교 도서관에는 색이 바래고 찢어진 책들이 나뒹굽니다. 더럽고 먼지만 앉은 책을 과연 누가 읽고 싶어 할까요? 게임과 스마트폰에 중독된 초·중고생들. 입시의 문턱 앞에서 문제집에만 매달리는 고등학생들. 험난한 취업 준비에 책 읽을 시간조차 없는 대학생들. 아무런 꿈도 없이 정해진 길을 따라서만 가는 젊은이들이 과연 대한민국을 이끌 수 있을까요?

한 권의 책은 한 사람의 인생을 바꾸는 힘을 가지고 있습니다. 한 사람의 인생이 바뀌면 한 나라의 국운이 바뀝니다. **저희 행복에너지에서는 베스트셀러와 각종 기관에서 우수도서로 선정된 도서를 중심으로 〈모교 책 보내기 운동〉을 펼치고 있습니다.** 대한민국의 미래, 젊은이들에게 좋은 책을 보내주십시오. 독자 여러분의 자랑스러운 모교에 보내진 한 권의 책은 더 크게 성장할 대한민국의 발판이 될 것입니다.

도서출판 행복에너지를 성원해주시는 독자 여러분의 많은 관심과 참여 부탁드리겠습니다.

도서출판 **행복에너지** 임직원 일동

오늘도 최고의 날이 되십시오

한범덕 지음 | 264쪽 | 값 15,000원

책 『오늘도 최고의 날이 되십시오』는 한범덕 청주시장이 미래과학연구원 원장 시절 썼던 글들을 모은 과학 교양서이다. 일상 속에서 쉽게 접할 수 있는 전자기기에 관한 과학 상식부터 일반인들이 잘 몰랐던 심도 깊은 과학 이야기까지 다양하게 담고 있다. 많은 독자들이 이 책을 통해 '사람을 꿈꾸게 하고 미래를 여는 과학의 힘'을 느낄 수 있을 것이다.

해 뜨는 서산

이완섭 지음 | 368쪽 | 값 15,000원

지자체의 발전에 있어 가장 중요한 것은 자치단체장과 구성원들이 미래 비전을 공유하고 서로 화합하면서 지역의 열세를 극복하겠다는 실천적 의지와 긍정적 자세를 갖추는 것이다. '내일은 내일의 태양이 뜬다!' 이런 긍정의 마음으로 서산에 뜨는 태양을 가장 먼저 서산시민들께 보여주고 싶다. 그 따뜻한 온기와 밝은 광명까지도……. 서산은 해처럼 떠서 새처럼 비상해나갈 것이다.

소리 없는 영웅1

최수돈 지음 | 248쪽 | 값 15,000원

『소리 없는 영웅』은 온 힘을 다해 자신의 소임을 다했지만, 역사가 기억하지 못하는 그들의 이야기를 담고 있다. 저자는 이 책을 통해, 역사가 기억하는 위대한 인물의 업적을 말하려는 게 아니다. 그저 주어진 한 시대를 살아간 우리네 아버지의 이야기를 담고자 했다. 그리고 아버지의 모습을 통해 역사의 진정한 영웅은 묵묵히 자신의 자리에서 책임을 다한 아버지였음을 깨닫게 해준다.

마지막 통화는 모두가 "사랑해…"였다

정기환 지음 | 296쪽 | 값 15,000원

글로써 연결되는 인간관계가 역사를 새로이 쓰고 지탱하는 힘이다. 그래서 책 『마지막 통화는 모두가 "사랑해…"였다』는 가치가 있다. 인간다움이 점점 사라지는 현실 속에서도 '사람 냄새' 나는 아날로그적 감성을 고스란히 간직함은 물론 이 시대를 관통하는 함의가, 우리 시대의 생생한 민낯이 이 한 권에 모두 담겨 있기 때문이다.

70대 인생을 재미있고
신나게 사는 이야기

김현 · 조동현 지음 | 268쪽 | 값 13,500원

저자 부부는 70대란 나이는 숫자에 불과하며 자신이 좋아하면서도 타인에게 도움을
줄 수 있는 일에 매진하면 얼마든지 노후를 신나고 재미있게 보낼 수 있다고 전한다.
초고령화사회를 눈앞에 둔 대한민국 사회에 가장 필요한 이야기에 귀 기울여 보자.

성공하는 자녀의 네 가지 비밀

박찬승 지음 | 300쪽 | 값 15,000원

책 『성공하는 자녀의 네 가지 비밀』은 자녀들의 성장 가능성과 적성을 가늠해보고,
아이들의 자존감과 자립심을 돕는 방법을 배울 수 있도록 구성되었다. 현재 대전
유성고 교장인 저자가 풍부한 현장 경험을 통해 알아낸 영재 공부 비법과 효율적
인 학습법 또한 함께 담겨있다.

나는 오늘도 도전을 꿈꾼다

원유철 지음 | 264쪽 | 값 15,000원

1991년 경기도의회 최연소 의원으로 정계에 입문(28세)했던 원유철 국회의원(현역,
4선)이 전하는 삶의 이야기를 담은 책이다. 허기, 패기, 끈기, 용기라는 네 가지 주제
를 중심으로 인생 역정과 정치인으로서의 행보 그리고 국민 모두의 행복한 삶을 위
한 비전을 제시한다.

올드맨쏭

이제락 지음 | 264쪽 | 값 13,000원

배우에서 영화감독으로 이제는 작가로! 다양한 재주꾼, 이제락의 첫 소설! 거듭된
이별이 가져다준 상처투성이 삶을 끌어안고 살아가는 한 사내와 그 앞에 음악처럼
운명처럼 찾아온 아이의 감동적인 이야기. "이토록 위대한 만남을 위해 우리들의
이별은 거룩했다."

소리 - 한이 혼을 부르다(전 1~8권)

정상래 지음 | 352쪽 | 값 13,500원

쏟아져 나오는 책은 많지만 읽을거리가 없다고 탄식하는 독자들이 많다. 그렇다면 근대 한국사에 담긴 우리 한恨의 정서에 관심이 있다면, 대하소설의 참맛에 대해 잘 알고 있다면, 정말 제대로 된 작품을 읽어볼 요량이라면 이 소설은 독자를 위한 더할 나위 없는 선물이자 생을 관통할 화두가 되어 줄 것이다.

본국검예 1 조선세법

임성묵 편저 | 560쪽 | 값 48,000원

'조선세법朝鮮勢法'은 단순한 무예서가 아니다. 상고시대 한민족의 신화와 정신문화가 선진문화였음을 밝히는 중요한 사료이다. 조선세법의 전모가 드러나면서 전통무예사의 이론과 철학이 부재한 우리 체육계에 커다란 선물과 숙제가 함께 안겨졌다. 정체성을 잃고 헤매는 우리에게 『본국검예』는 대한민국이 일류국가로 도약할 수 있는 정신적 기둥이 되어주고, 미래를 밝히는 민족혼의 불길을 세울 것이다.

그대 인연을 사랑하라

남달구 지음 | 300쪽 | 값 15,000원

『그대 인연을 사랑하라』는 비록 남달구 기자가 세상에 내놓는 첫 번째 책이지만 안에 담긴 '맛과 멋'은 장인의 솜씨와 열정 그대로이다. 특종과 이슈가 아닌 '가치와 진실'을 찾아 떠나온 삶의 여정. 이 책은 수많은 독자에게 참된 나와 진실한 세상으로 가는 길목의 이정표가 되어줄 것이다.

내 인생의 터닝포인트

김원수 · 박필령 옮김 | 316쪽 | 값 15,000원

이토록 행복하고 멋있게 살아가는 부부가 있을까. 암이 가져다준 고통마저도 삶의 축복으로 승화시키는 애정과 헌신의 힘. 한 명의 보잘것없는 인간이 부부가 됨으로써 위대한 존재가 되어가는 과정. "나의 인생이 즐겁고 아름다운 까닭은 단 하나, 바로 당신. 몇 번을 다시 태어나도 나에겐 오직 당신뿐입니다."

부모를 위한 인문학

노재욱 지음 | 272쪽 | 값 15,000원

한국인성교육학회 이사장 노재욱 박사는 대한민국 근현대 교육사를 몸소 체험하고
지켜봐온 교육전문가이다. 책 『부모를 위한 인문학』은 동서양의 모든 종교와 인문
학을 두루 섭렵한 저자의 50년 교육 인생과 연구, 강연 활동의 집대성이다. 교육과
관련된 각종 인문학의 핵심 사항을 모아 우리 사회의 실정에 맞춰 어떻게 하면 좋
은 부모가 될 수 있는지에 대해 차분한 어법과 쉬운 해설로 제시하고 있다.

하루 7분 기적의 글쓰기

김병규 지음 | 256쪽 | 값 15,000원

내 인생과는 전혀 상관이 없을 것 같았던 일들이 느닷없이 행복 혹은 불행으로 다
가온다. 그렇다면 '글쓰기'는 분명 행복에 가까운 쪽일 것이다. 하루 5분은 즐거운
마음으로 이 책을 읽고 2분은 자신만의 유쾌한 글을 쓴다면 말이다. 『하루 7분 기
적의 글쓰기』의 첫 장을 펼침과 동시에 어제보다 행복해진 오늘을 맞이해 보자.

참 아름다운 동행

권희철 지음 | 256쪽 | 값 15,000원

내 인생과는 전혀 상관이 없을 것 같았던 일들이 느닷없이 행복 혹은 불행으로 다
가온다. 그렇다면 '글쓰기'는 분명 행복에 가까운 쪽일 것이다. 하루 5분은 즐거운
마음으로 이 책을 읽고 2분은 자신만의 유쾌한 글을 쓴다면 말이다. 『하루 7분 기
적의 글쓰기』의 첫 장을 펼침과 동시에 어제보다 행복해진 오늘을 맞이해 보자.

내 아이를 위한 인문학

채성남 지음 | 276쪽 | 값 15,000원

"책을 좋아하고 사람을 사랑하고 자연을 즐기는 아이로 키우세요." 훌륭한 경영 리
더들은 모두 좋은 경영자 이전에 좋은 철학자였다. 자녀를 어질게 키우고 싶다면 부
모가 먼저 훌륭한 철학자가 되어야 한다. 동양 최고의 스승 공자에게 마음의 그릇을
키우는 법을 배우고, 스스로 위대한 철학자가 됨을 두려워하지 않는다면 당신은 이
미 '좋은 부모'다.

소마지성

라사 카파로 지음 · 최광석 옮김 | 368쪽 | 값 25,000원

전 세계에 불어닥친 '자가치유' 열풍은 국내에서도 각계의 주목을 받고 있다. 지난해에는 24년 만에 국내에 정식으로 소개된 『소마틱스』가 많은 독자들의 사랑을 받으며 '자가치유' 열기가 일시적인 유행이 아님을 증명했다. 『소마지성을 깨워라』는 '소마틱스 영역의 최신 이론'에 목말랐던 독자들에게 한층 진보된 방법론을 제시한다.

얌마! 너만 공부하냐

김재규 지음 | 280쪽 | 값 15,000원

'시험 공화국' 대한민국에서 '공부로 성공'하는 법! 최고 합격률, 최다 수험생으로 매일 공무원 학원가의 신화를 새로 쓰는 김재규경찰학원 원장의 번외 강의 '정말 미치도록 즐겁게 공부하기' 자신의 꿈을 향해 나아가는 이 순간, 기왕 해야 할 거, 즐겁게 공부를 하고 싶다면 당장 『얌마! 너만 공부하냐』의 첫 페이지를 펼쳐 보자.

열정은 배신하지 않는다

김의식 지음 · 이준호 엮음 | 272쪽 | 값 15,000원

과연 대한민국의 대학교는 우리 젊은이들에게 지성과 밝은 미래의 산실이 되어 줄 수 있는가? 구태에서 벗어나 현실적이면서도 획기적인 방식으로 학생들을 지도하는 Yes Kim의 강의에 그 답이 있다. 듣는 것만으로도 가슴을 뛰게 하는, 그 열정을 행동으로 이끄는 수업에 귀 기울여 보자.

미국으로 간 허준

유화승 지음 | 304쪽 | 값 15,000원

동양의학 최고 암 전문의 유화승 교수는 '암을 정복한다'는 신념 하나만으로 서양 최고의 암센터 엠디앤더슨을 찾는다. 그가 들려주는 이야기는 이 시대, 암으로 고통 받는 모든 환자들에게 한 줄기 희망을 선사한다. 또한 희망만으로 그치는 것이 아닌, 현실로 다가오는 암 정복기가 첫 페이지에서부터 시작된다.